光 明 城
LUMINOCITY

看 见 我 们 的 未 来

千年渡口 百年商埠

海口骑楼老街之水巷口记忆

蔡家瑶 编著

同济大学出版社·上海
TONGJI UNIVERSITY PRESS · SHANGHAI

编制单位　海口骑楼老街投资开发有限公司
总 策 划　龙靖滨
顾　　问　孙庆忠
　　　　　中国农业大学社会学与人类学系教授
　　　　　农业农村部全球/中国重要农业文化遗产专家委员会委员

　　　　　赵爱华
　　　　　海口骑楼老街投资开发有限公司原董事长
　　　　　南洋骑楼文化研究会会长

主　　编　蔡家瑶　龙靖滨　王　讯　崔昌华
执行主编　蔡家瑶
编　　委　刘　虹　王珊丽　杨再东　李　斯　刘亚婷
　　　　　王惟雄　吉家文　吴育强　周丽霞　周　宇
　　　　　黄梓瑶　冯标山　范欣欣　张又文　谢有发
　　　　　刘振华　王　莹
摄　　影　王文燕　符　玉　刘惠丰　郭锦涛

目录

寄语	007
序言	008
导言：水巷口的历史地位和文化符号	011

第一章　因港而生　　014

千年渡口	018
开埠通商	035
城市建设	044
老街新生	048

第二章　百年骑楼　　056

骑楼身世	060
骑楼风貌	075
百年商号	093

第三章　下海出洋　　106

千年"通夷"	109

| 百年侨批 | 133 |
| 海南与东南亚 | 149 |

第四章　民众信俗　　156

| 北帝南下 | 159 |
| 海神妈祖 | 166 |

第五章　街巷美食　　192

琼式生活	195
市井味道	221
南洋韵味	233
美食小街	245

附录：妈祖信仰发展年表	251
参考文献	254
图片来源	256
致谢	258

寄语

2010年我受邀率专业团队重返海口，接受了当地政府部门的骑楼老街保护与再生设计委托，水巷口街区亦是其中之一，而且还是首批启动的工程。我们本着"整旧如故、与古为新""新旧共生、和而不同"的设计理念和策略，在海旅集团、骑楼公司及当地设计院的配合下，完成了几条骑楼老街的保护与再生工程设计，获得了中国建筑学会建筑设计奖、历史文化保护、传承、创新一等奖。

《千年渡口 百年商埠：海口骑楼老街之水巷口记忆》一书的作者，以水巷口骑楼为载体，将海口骑楼老街的来龙去脉、前世今生、场所精神，以及海南人出洋下海、闯荡南洋的波澜壮阔的历史进行了系统、深入的梳理和总结。这对水巷口的历史环境、文化身份和遗产价值的归纳和提升意义重大。作者通过大量详实的史料，以一种大历史观来展现水巷口的千年渡口和百年商埠形成、演变和发展的全景图，让读者看到一个因港而生、因港而兴、因港而盛的海口。其研究视角之独特、见解之独到，对还原和再现水巷口的人文历史极具意义。

妈祖信仰的传播与海上贸易、商埠码头和港口发展关系密切，其背后代表的是具有海南特色的海商文化及其场所精神。在本书中，作者严谨论证了妈祖信仰与水巷口等骑楼街区的形成、演变和发展息息相关，二者互为依托、相辅相成。从书中可以看出创作团队深厚的民俗学、人类文化学和社会学等学科功底，其研究内容具有一定的开拓性。

总体来看，本书作者以通俗易懂、深入浅出的方式将水巷口的历史变迁娓娓道来，使海南的人文特色跃然纸上，特别是对水巷口见证海南人闯荡南洋、拼搏海外的历史叙事到位，见解独到，为海南自贸港的建设提供了历史文化的精神支撑，是研究骑楼建筑及其文化的一部力作，具有一定的创新性和开拓性，特此推荐出版，以对海南的人文城市建设作出积极贡献。

中国科学院院士
同济大学教授

甲辰盛夏写于沪

序言

2018年4月，在庆祝海南建省办经济特区30周年大会上，习近平总书记宣布，党中央决定支持海南全岛建设自由贸易试验区，支持海南逐步探索、稳步推进中国特色自由贸易港建设。6年来，海南自贸港建设成形起势，2025年，将迎来封关运作。人们关注的焦点大多集中在政策红利、制度创新、实施路径和现实成就上，极少从历史的角度来看待和思考海南自贸港建设，这本书的出版可谓恰逢其时，弥补了这一空白。作者通过大历史观，以水巷口骑楼街区为原点，窥斑见豹，将水巷口放置在更长、更宽和更广的历史经纬度当中去研究，把深藏在其中的历史价值、精神价值以及地方文化的代表元素提炼总结出来，为海南自贸港建设提供历史支撑、文化支撑和精神支撑。这对海南自贸港的软实力提升极具学术价值和现实意义。

为此，我欣然作序，同时也希望对热爱海南、不忘初心、坚持和热衷于研究海南地方文化的青年一代提出勉励。

本书以独特的视角、详细的史料、新颖的论点，另辟蹊径，让我们了解水巷口等骑楼街区鲜为人知的人文历史，及其所代表的文化精神。书中详细阐述了水巷口作为琼北地区重要的千年渡口和百年商埠，其地理位置优越，临海面港，自古以来是海外贸易的集散之地，商贾云集。海上贸易的繁荣和兴盛，海口港的发展和演变，使得水巷口成为海口最早形成的交通枢纽、官方渡口和商业街区之一，印证了海口这座城市形成和演变历史的最鲜明特征——"先有港而后有城"和"先有市后有城"。

作为中西文化碰撞和融合的典范，水巷口骑楼街区的形成彰显了华侨群体在近代历史上的商业智慧、家国情怀和开阔眼界，体现了开放、包容、多元、海纳百川的地方人文特色，是海南岛的重要历史遗产。同时，作者通过详实的史料有力论证了海南人极早就加入了东南沿海的海外移民这段历史。这种千年"通夷"在近代演绎成下南洋，是一段充满艰辛、苦难和血泪的历史，它深刻影响着海南的发展进程、社会形态，对海南人的影响更是深切著明。

民众信俗是地方民众的一种精神信仰，也是最具鲜明特色、最具乡土气息的地方代表性文化。作者以北帝庙和天后宫来叙述水巷口居民的精神信仰和族群历史，研究深刻、见解精辟。

水巷口的特色美食则承载着骑楼街区老居民的集体记忆。本书最后一章结合海南人的生产和生活方式，介绍了水巷口有代表性的饮食习俗和美食，如老爸茶、"歌碧欧"、辣汤饭等，深挖美食背后悠久的人文历史和习俗文化。这是对海南老爸茶文化和咖啡文化深入研究的难得一见的好文章。

保护城市的历史建筑，探寻其历史信息、集体记忆和场所精神，更长远、更现实的意义在于保存现代生活与过往生活、现代文明与历史文化之间的联系，留住那些与海口这座城市兴起、发展紧密相连的历史记忆和与居民生活息息相关的文化记忆。这是新时代城市可持续发展的情感力量。本书最大的特点就是作者在记录水巷口的人文历史时，主要焦点没有局限于冰冷的骑楼建筑，而是花大量的笔墨来探究水巷口作为千年渡口和百年商埠的历史信息，以及讲述创造和见证这种历史的群体。其目的是以海南先人们踏浪海上、千年通夷、谋生南洋的不避艰险、拼搏精神、商业智慧和家国情怀，构建海南自贸港建设的历史叙事体系,增强海南自贸港建设的历史自信、文化自信和道路自信。

海南省人大常委会内务司法工作委员会主任
原海南省委党史研究室（省地方志办公室）主任

导言：水巷口的历史地位和文化符号

水巷口位于海口市的东北部，是海口保留较为完整的骑楼建筑历史文化街区之一。但如果以大历史观来审视水巷口的话，它的历史地位和文化价值，却又绝非仅骑楼街区所能涵盖和代表的。

今天的海口之所以成为海南的省会城市，是由诸多历史因素决定的。大多中国传统城市形成与发展的规律是先有城后有市，即一个地方要成为城市，它首先要被选定为这个地方的政治中心，官方会以官衙或治所为中心修筑城墙，然后百姓集聚，村舍围绕，逐渐形成街坊，人口形成一定规模之后自然形成集市。而海口则是因为其地理位置十分优越，临海面港，是海上丝绸之路的重要驿站，也是古代海外贸易的集散之地，商贾云集，可谓琼北海上门户。所以，海口因港而生、因港而兴、因港而盛。到了近代，即使当时的海口港并不是优良的港口，海口作为全岛贸易中心的地位也已无法动摇。可以说，是商业贸易推动了海口发展成为一座重要的城市，水巷口的千年官渡就是最好的见证。

因为商业贸易的发达，海口也成为海盗劫掠的重点对象。明洪武二十八年（1395），为防海盗袭扰，镇守海南的安陆侯吴杰委托千户崇实兴用火山岩石筑起了海口城，方圆0.48公里，大体呈正方形状，只有东西、南北十字形所路。这就是海南历史上著名的"海口所城"，也是海口这座城市的雏形。水巷口大概位于海口所城的东北角，且元代已建造码头，成为官方重要渡口之一。据说元朝第八位皇帝图帖睦尔即位前曾被流放海南岛，就是从水巷口官渡登岸的。

鸦片战争之后，琼州（海南岛古称）成为中国重要通商口岸之一，开始了近代开埠通商的历史。当时海口的地位已经在事实上超越了府城。水巷口、中山路、得胜沙一带已是海南岛的海陆交通枢纽、商贸聚集之地和商品集散中枢，为骑楼街区的建造奠定了基础。

1894年，海口最早的骑楼在四牌楼街落成，大致位置就是今天的水巷口附近。20世纪二三十年代是海口骑楼建设速度最快、规模最大、数量最多的历史时期。

骑楼建筑不仅见证了19世纪海口的开埠通商以及中西文化的碰撞、融合和交流，更述说着海南华侨闯荡南洋的传奇故事。而这段历史也绝非短暂的"百年下南洋"可以概括。

早在秦汉时期，中国人就开始移民海外。海南岛刚好处在南海通道之上，是古代人们下海出洋的重要经停之地。在中国人上千年的海外移民史中，海南人从未缺席。鸦片战争之后，随着海外移民数量的骤然增长，更是形成了中国近代史上著名的"下南洋"潮。作为官方渡口的水巷口，正是这段历史的场所见证，其场所精神里铭刻着海南人下海出洋的历史记忆。

从水巷口上空远望海面，先祖的"千年通夷"到了近代演变成了"下南洋"，有太多值得我们去追问、去缅怀、去深思、去反省——他们何时开始漂洋过海，踏浪远行？借用何种工具和技术？经历过怎样的艰难险阻？作为一个农业文明的国度，中国人素来重乡土、轻客乡，重团聚、轻远行，重归宗、轻漂泊。是何种原因、何种力量让骨子里讲究落叶归根的移民们背井离乡、冒死远行，连千千万万悲惨的"猪仔"命运也没能阻止他们下南洋的脚步？是对现实的抗争，还是对未来的希望，抑或只是无奈之举？

华侨中的商人群体在历史上一度被视为"没有帝国的商人"，私商甚至一度不被母国统治者接受，甚而遭到遗弃，但他们在中国近代却全面崛起，用财力支持了中国近代的国家建设和社会革命。为此，他们急需得到社会认可，获得相应的政治地位和社会地位，以改变以往弃民和贱民的底层地位。让人耳目一新的骑楼建筑无疑为华侨们提供了绝佳的利益诉求机会和表达方式。

特色美食是了解一座城市的重要线索和途径，特别是隐藏在小街巷里的美食，往往连接着一个地区的秘密，承载着市井平民的集体记忆。本书最后一章介绍了水巷口有代表性的饮食习俗和美食，呈现美食背后悠久的人文历史。

历经百年沧桑，充满欧式风格的骑楼见证了当年的海南华侨闯荡南洋、成就辉煌、荣归故里。这里曾经繁华无比，政商名流汇集，三教九流聚居，演绎过无数商贾名流的创业传奇、革命志士的热血慷慨，以及琼籍华侨的实业报国。还有来自世界各地的传教士、冒险家、学者等，不远万里，跋山涉水，登岛而来。他们来此的目的不一，有考察研究、资源调查，也有传教布道、文化侵略，亦有情报收集，为侵略而准备。这里不仅浓缩着一部波澜壮阔、惊心动魄的海南近代史，更见证了海南人千年通夷、扬帆海外、参与海上丝绸之路的伟大历史。

今天，海南迎来了新的发展机遇——国家重大战略海南自由贸易港建设。水巷口的历史和今夕交相辉映，新的篇章即将开始谱写。

第一章 因港而生

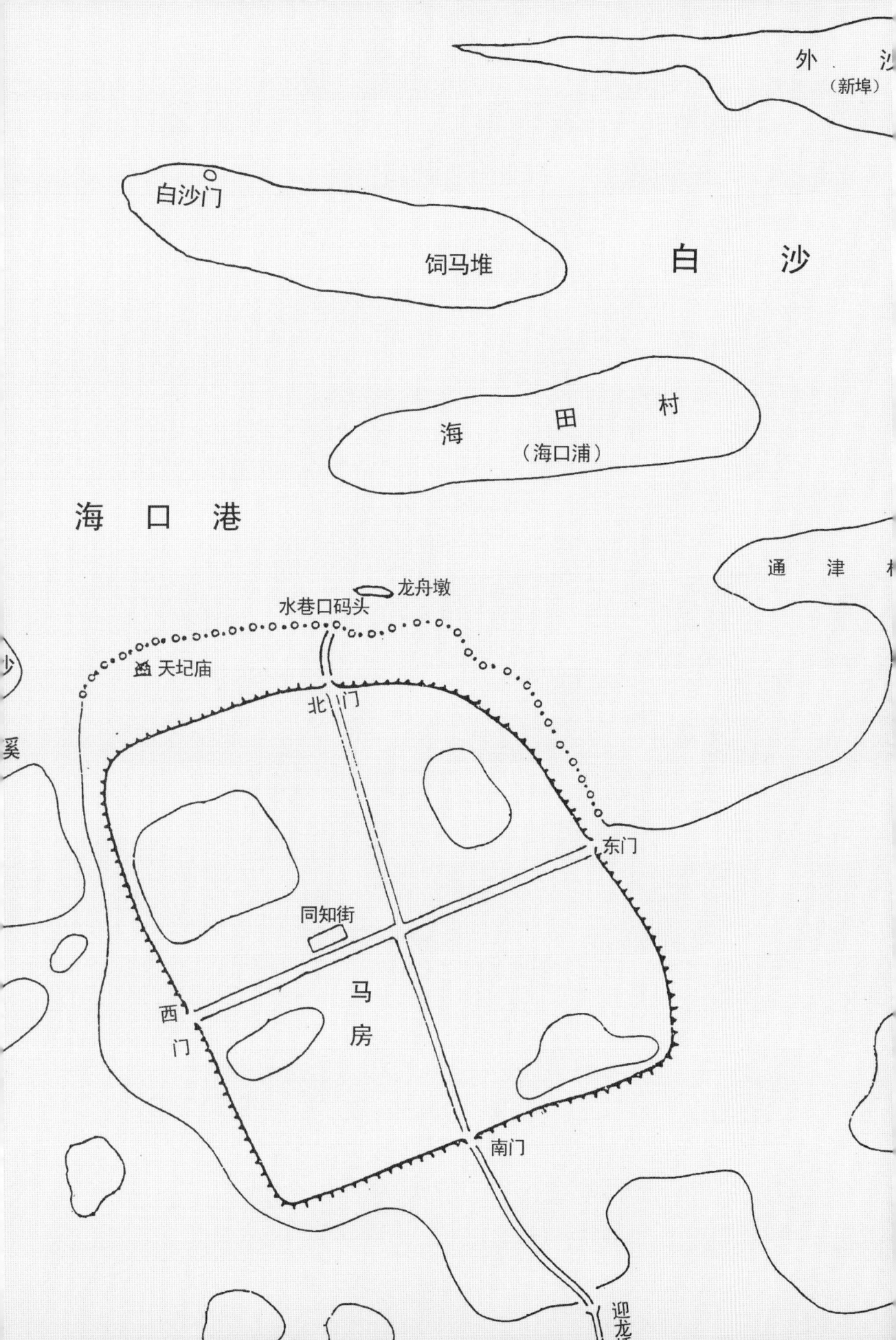

从航拍图中可以看出，历史上的水巷口具有临海面港的地理优势，这里曾经是官渡，千百年来，海南人经此扬帆海外、闯荡南洋。

水巷口位于海口市的东北部。作为一个地名，它始于明代；作为一个地方，则古已有之。这里原有河道相通，早年间曾是琼州府的官渡和繁荣的埠头。今天，人们对水巷口的认知仅停留在它是海口保留较为完整的骑楼建筑历史文化街区，事实上，从更长、更宽、更广的历史经纬度来看，水巷口有着更悠久的历史文化和昔日的辉煌。

众所周知，海口因地处南渡江入海处而得名，现在它是海南的省会城市，但最初并不是海南岛政治、经济和文化中心，亦不是中央王朝在海南岛的管理机构治所之地。仔细研究海口的城市形成历史，我们惊奇地发现，它因港而生、因港而兴、因港而盛，到了近代才逐步发展成海南岛最重要的城市，成为政治、经济和文化中心，今天它又因为海南建设自由贸易港而闻名世界。如果用一句话来总结海口这座城市的历史，那就是"先有港而后有城"。海口特殊的形成和发展历史也深刻影响着它的城市规划和早期街道建设。历史上，水巷口等海口较早的商业街区的形成与兴起，与海外贸易和海口港的变迁有关。海口港素有琼州门户的美誉，早年间建有官方渡口和码头的水巷口则是门户的大门。

因此，以水巷口所处位置及其功能作用，归纳和凝练水巷口的历史价值和文化符号就是：千年渡口、开埠通商。作为千年渡口，岛外人员和商品经此进入海南岛，为本地经济社会发展作出贡献，岛内的土特产也经此北上到达大陆，让中原王朝不至于"遗忘"这个化外之地。到了明清两代，海南文化开始繁荣昌盛，海南学子经水巷口官渡

图1
无人机在水巷口上空航拍的海口

北上,到中原地区读书科举,当官为民。有明一代,海南这个蛮荒之地居然出了595个举人,他们当中不少人进入了官场,除了海瑞、丘浚等少数留名青史外,大多没有什么名气,但他们却创造了一个官场奇迹:明代有据可查的贪官没有一个是海南籍的。作为开埠通商重要街区之一,水巷口见证了近代海口崛起并日渐繁华,最终取代府城,成为新的政治、经济和文化中心的过程。

如果说街道是一座城市的动脉,那么街坊巷子就是连接动脉的毛细血管,它们经历的岁月、沉淀的记忆、承载的历史、记录的故事就是城市的文化血液,滋养着城市的肌理和骨肉,也为城市里繁衍生息的居民提供精神依托和文化支撑。这种文化血液的类别差异造就了不同的市井文化和人文精神,也形成了每座城市独具特色的历史记忆、集体记忆和地方记忆。

千年渡口

水巷口、中山路、博爱路等老街的骑楼基本上都是在军阀邓本殷统治海南岛时期建成的。但早在元代,海口港的繁荣带来了商业的发达,大大促进了海口城镇的发展,由于地增人多,港口扩大,码头移到通津,水巷口建成官渡,成为岛外人员进入海南岛的重要关口。元朝第八位皇帝图帖睦尔即位前曾被流放海南岛,就是从水巷口官渡登岸的。明代曾在此兴建"海口所城",同时围绕所城驻军,周边百姓集聚,村舍围绕,逐渐形成街坊。

图2
插有各国国旗的水巷口曾经见证着海南人出洋下海,闯荡世界

今天，走在水巷口的街道上，除了水巷口这个名字让人联想到此处与水有关以外，人们已无法想象这些道路曾经是连通河海的水道。

老街名巷是一个城市的历史文脉和集体记忆，水巷口作为海口骑楼建筑历史文化街区之一，同诸多古老街坊小巷一样，承载了海口这座城市的历史文脉、城市记忆和市井生活。它们的产生、兴盛、繁荣与海口浦的形成、发展和变迁几乎是同步的。

"千户所城"的小巷

何为"巷"？汉代许慎《说文》记载："巷，里中道，从邑，从共，皆在邑中所共也。"在我国古代，城市道路分巷和街两大类。《说文》对街的解释是："街，四通道也。"由此可见，巷是指里的通道，其与街的区别是：直为街，曲为巷；大者为街，小者为巷。

中国自古以来就是一个讲究礼制等级的国度，这种文化理念在城市规划和街区设计中同样体现得很明显。《周礼·考工记》中就对王

图3
水巷口全景

城道路规制的严格规定有记载:"匠人营国,方九里,旁三门。国中九经九纬,经涂九轨,左祖右社,面朝后市,市朝一夫。"由此可见,中国古代城市里的街道巷坊都有严格的建制规定,而且在城市居民区实行里坊制。这种制度承自西周时期的闾里制,闾里最初指乡村居民的聚居单位,后移入城市,成为城市和区域规划的基本单位与居住管理单位的复合体。

里坊是平民百姓居住的区域,坊内直对里门的道路称"巷"。闾里由里正管理,早晚定时启闭里门。大城的门统称"城门",闾里的门称里门或闾门,《说文》云:"闾,巷门也。"东北和华北一些地方把巷也称为闾。

"巷,里中道",由于巷只是里坊内的道路,所以它的长度要受闾里大小的限制,宽度比小街要窄,等级比小街要低。事实上,巷与北方的胡同本质上是一样的。

街巷等级划分,体现的是住户地位的象征与区别。在古代,达官贵人的宅邸才能面街而门,不受里坊早开晚闭被监管的约束。《魏王奏事》里记载:"出不由里门,而面大道者名曰第。"

水巷口,西接博爱北路,东至振东街,全长205米,宽约9.4米,始建于明代,具体时间不详,清代建有建港路。水巷口的历史要从明代设立的卫所制说起。

明代的开国皇帝朱元璋出身社会底层,是草莽英雄,建立大明王朝后,他极力加强中央集权,进行国家权力运行机制和基层治理改革,包括兵制改革。朱元璋尚未登上皇位、还是吴王时,便建立起卫所制的基本兵制,明朝建立后进一步完善。

洪武元年(1368),明卫所制规定:"凡一卫统十千户,一千户统十百户。"也就是一卫大致有一万人。洪武七年(1374),对卫所编制进行调整,每卫总兵力约为5600人,下辖前、后、左、中、右5个千户所,每千户所下辖十个百户所。同时出于海禁政策、海防战略等因素考虑,朱元璋在东南沿海地区还设有不隶属于卫而直属于都指挥使司的独立千户所。

洪武二年(1369),明太祖朱元璋从海防军事角度考虑,设海南分司,有镇兵1000余名,隶属广西。同年八月广西卫指挥佥事孙安,和高邮千户周旺、百户吴成等分别驻守海南,开设卫所,设屯田11

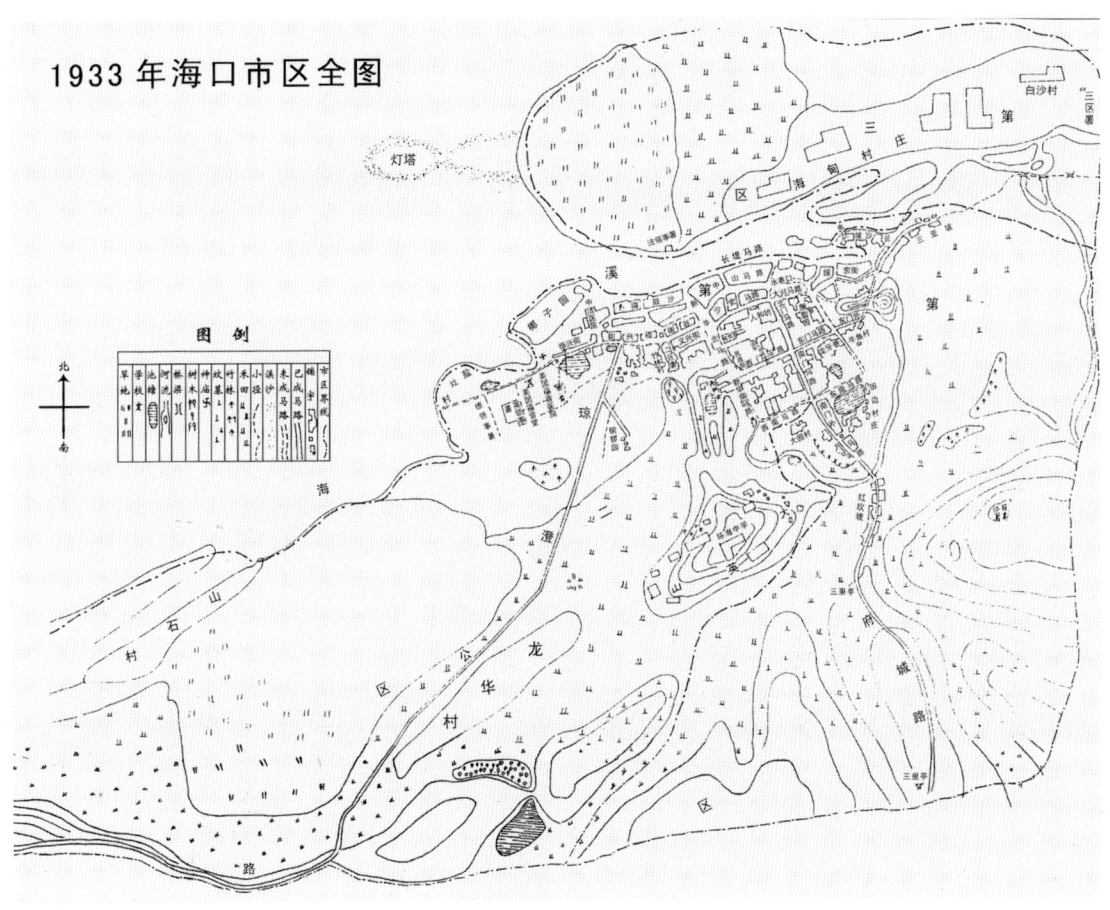

图4
1933年海口市区全图

处,同时将琼州升格为府。

正德《琼台志》对海口卫设立的经过做了详细的叙述:"洪武二年己酉八月,以兵部侍郎孙安授广西卫指挥佥事,率千户周旺、百户吴成等部,领张氏漫散军士朱小八等一千余名,前来镇御,开设海南分司……后续添拨征北溃亡陈州各处元氏旧军,节次到卫者又千余名,立为东西二所。五年壬子,改分司为卫。六年癸丑,迁配者接踵而至,改东西为左右所。去年,土寇陷儋州,指挥张荣建议立所以镇之,奏准调福建赖正孙收集陈友定军三千……"

从正德《琼台志》的叙述内容,可以得到以下信息:

其一,海南岛在明代以前,行政管辖一般隶属广西,明代洪武三年(1370)起,正式隶属于广东,这种行政隶属关系一直延续到1988年海南建省办经济特区为止。

其二,设立在海口的卫所源于洪武二年的"海南分司"。明代,

都指挥使司是各省最高军事机构，广西设立有广西都司，隶属于广西的海南就此设立海南分司，这就是海南卫的前身。

其三，明朝派往海南岛的守军很多是迁配者，卫所军士被派往海南主要是为平定土寇，同时也是为了加强海防。有明一代，倭寇和海盗经常对沿海地区进行劫掠和侵扰。海南岛是我国古代海上丝绸之路的重要驿站，自然成为海盗袭击或打劫的目标。

从历史经验和规律来看，一个地方的政治中心及治所之地，一般都是人口聚居之地。明代在兴建"海口所城"的同时围绕所城驻军，周边百姓集聚，村舍围绕，逐渐形成街坊。因此，海口卫成立以后，海口一带聚居人口越来越多，港口日益繁荣。明洪武七年（1374），为加强海南的海防建设，将海口置为千户所。明洪武十七年（1384），大概在今天的骑楼历史文化街区所在地，又设置了海口后千户所。

宋末元初，由于海口城镇发展，陆域扩大，人口增多，海口港从原来的白沙津迁移到海口浦，图4中所城东北角的水巷口码头，是海口最早的渡海码头之一，当时水巷口大部分的商铺最初都是沿着水岸线建造起来的，古时称为"毓秀坊"。

图5
毓秀坊

图6
四九间廊巷

穿过毓秀坊大门，便是水巷口有名的"四九间廊巷"。"四九"与海南话里的"四狗"同音。据当地年长居民说，因为巷子太小，仅够四只狗并排走过，海南话里对比较小的地方往往用"Galang"（旮旯）来称呼，"四九间廊"是根据海南话的读音得名。也有居民说，"四九"确实是指"四只狗"，因为过去这里养了四只狗而得名。骑楼街区周边还有"臭屎巷""打铁街""马鞍巷""草芽巷"等街巷，无不透着一种生活的气息。但也有不同说法：这里原是明代海口端阳竞渡的龙舟墩，最初有四户福建籍商人在这里建了九间房子，仅留一条小巷行走，因此得名"四九间廊巷"。

海南岛扼守南海咽喉要道，是海上贸易重要中转驿站。即使在实行严格海禁政策的明代，海南岛与外界的联系和贸易也从未停止。槟榔、吉贝、香料尤其是沉香等岛内特产源源不断地外运，岛外粮食、日常用品等货物从广州、泉州等东南沿海港口城市出发运入岛内。当时已形成水巷口和白沙津两个官方渡口，这也使海口成为岛内与大陆各地往来的水运中心。海口作为贸易商品集散之地、商业财富聚集之所，自然是海盗的觊觎对象。

从宋代开始，海南岛居民就屡受海盗劫掠。宋代咸淳年间，盘踞在广东和海南岛沿海地区的"二陈"海盗集团使得整个广东和海南岛沿海地区长年"无宁岁"。正德《琼台志》记载："陈明甫、陈公发窃据临川，自驾双龙大舟，衣服、器用逾法越制，大收榜文，自号三巴大王，睥睨军印，占本军五十余村税户。远而漳、潮、恩、广，近而钦、廉、雷、化，海岸居民岁掠数百人入外番交易，沿海居民无宁岁。"

到了明代，海盗活动更是达到高潮。从洪武初年直到明末，海南地区的海盗活动从未中断。《地理志·海南》写道："琼郡枕山带海，时有海盗、飓风之虞，故公私宫室不甚高美，然规制与中土略同。"

明洪武二十八年（1395），为防海盗袭扰，安陆侯吴杰委托千户崇实兴用火山岩石筑起了海口所城，但方圆仅0.48公里，大体呈正方形状，只有东西、南北十字形所路，成为海口的城市雏形。

自此，海口有了城墙，防御能力大大提高，同时也保护了过往商船和贸易货物，为经济发展、社会稳定及港口贸易提供了基本保障。

民国《琼山县志》对此有所记载：

"海口所城，在郡城北十里。明洪武甲戌，都指挥花茂奏筑防倭，乙亥，安陆侯吴杰委千户崇实兴筑。周围五百五十五丈，高一丈七尺，阔一丈五尺，雉堞六百五十有三，窝铺十九，辟四门，各建敌楼，东北临海，共砌石岸九十丈，复自东南延西北，浚濠长四百六十五丈，阔一丈五尺，深五尺。"

我国古代城市规划形制一般为方形，每边各一城门，城内以相对的城门为始终点修建主干道，也就是大街。根据民国《琼山县志》的记载，海口所城设有东、西、南、北四门。其中，东门在今天新民东路与大东路交叉口；西门在今天新民西路与新华路交叉口；南门在今天博爱路与文明路交叉口；北门在今天博爱北路与大兴路交叉口。所城最初只有东西、南北两条大道，呈十字形，并以交叉点为分界辟为四条街道，按照城门方位分称东门街、西门街（今天的新民路一带）、南门街、北门街（今天的博爱路一带）。

明弘治元年（1488），紧邻水巷口的四牌楼在十字街中心兴建，海口所城便发展成了五条街，贯穿东西南北，海口作为一个城市的雏形逐渐显现。后来海口第一座骑楼建筑就坐落在四牌楼街。水巷口大致就是在此历史背景下建成的，只是年代久远，无法考证它的确切时间。

"东方的威尼斯"

顾名思义，水巷口大抵与水有关。据史料记载，水巷口历史上建有码头，是早年琼州府的官渡和繁荣的埠头。这一带曾经水域开阔，通过内海河道连通海口港和外海，商船可直接开至家门口，故起名为水巷口。这里曾经是海口最繁忙的码头，民国时期，政商名流纷纷在此建楼兴业，可谓商贾络绎，烟火稠密。

从地理位置来看，水巷口位于琼北地区海陆交通要道，扼守海南岛下海出洋的咽喉之地，是极为重要的商业贸易中转站。人们由此远离岛土，驶向大海，通航远洋，谋生番邦。岛外人员和货物、商品从琼北进入岛内，大多由此经过，街道两旁的商铺成为商品集散地。根据相关学者考证，历史上的水巷口曾经是"城中有河、河在街中，岸边是骑楼，舟在街中行"，被誉为"东方的威尼斯"。水巷口一带所在的地理位置从历史上看，是从海上进入海南岛琼北地区的中间缓冲地带，类似外滩，因此水道纵横，呈现出城中有河、河在街中的情景也就不难理解和想象了。

水巷口作为一条街道肇始于明代，但是作为一个地方，它自古已有之。宋末元初，水巷口作为整个琼北地区海陆交通要地的作用已开始显现。海南品质上乘且异常珍贵的沉香、品种优良的槟榔等地方特产，吸引着海上丝绸之路的海商纷纷登岛，其中福建商人最多，后来许多福建商人便落籍海南岛，水巷口一带早期的居民也以福建商人居多。

到了清代，海口被辟为对外通商口岸后，岛内与外界的人员交往和商业贸易更加频繁。光绪二年（1876），琼海关在海口港附近设立，与水巷口隔街相望，隶属粤海关。据记载，光绪二十八年（1902），外轮每年进出海口港约1013艘次，平均每天约3艘。

民国《海南岛志》记载："本岛居中国南部，孤峙海中，海运交通本称利便。岛内物产尤为丰富，略足与热带各岛屿相埒。近年以来渐见开发，年中土货由琼海关出口者，民国十二年已达关平银400余万两；其在各口卡出口者，又约值数百万元。岛北之海口市，于前清咸丰八年《天津条约》辟为通商口岸，贸易尚盛，全岛出入口货物均以此为总汇。"

海口在海南岛本土同样扮演着贸易总汇的重要角色。民国《海南岛志》记载："海口与本岛各港线，由海口往来于东水、崖县、儋县、陵水、万宁、北黎、临高、铺前、海宝州、北南、清澜、乐会、三亚、昌江、感恩、海头、海尾、花场、佛罗、潭门、海昌、藤桥、海南、下海、新盈、盐田、沙箅、三江、新兴港、澄迈、林桐、榕村、博鳌、昌化、沙上、塔市、拔南、花场间之帆船，船行速率，顺风时几与轮船相等，逆风时则相差至十余倍。每艘容量由百担至千担，每年平均约3000艘，共载百余万担。其货为牛皮、猪、盐、槟榔、木料、匹头、咸鱼、缸瓦、烟叶、纸料、杂货等类。"

水陆交通的枢纽、岛内土特产的集散和商贸的繁荣，也让当时的海口产生了一种代理业——九八行。各县商贩收购土特产运来海口，

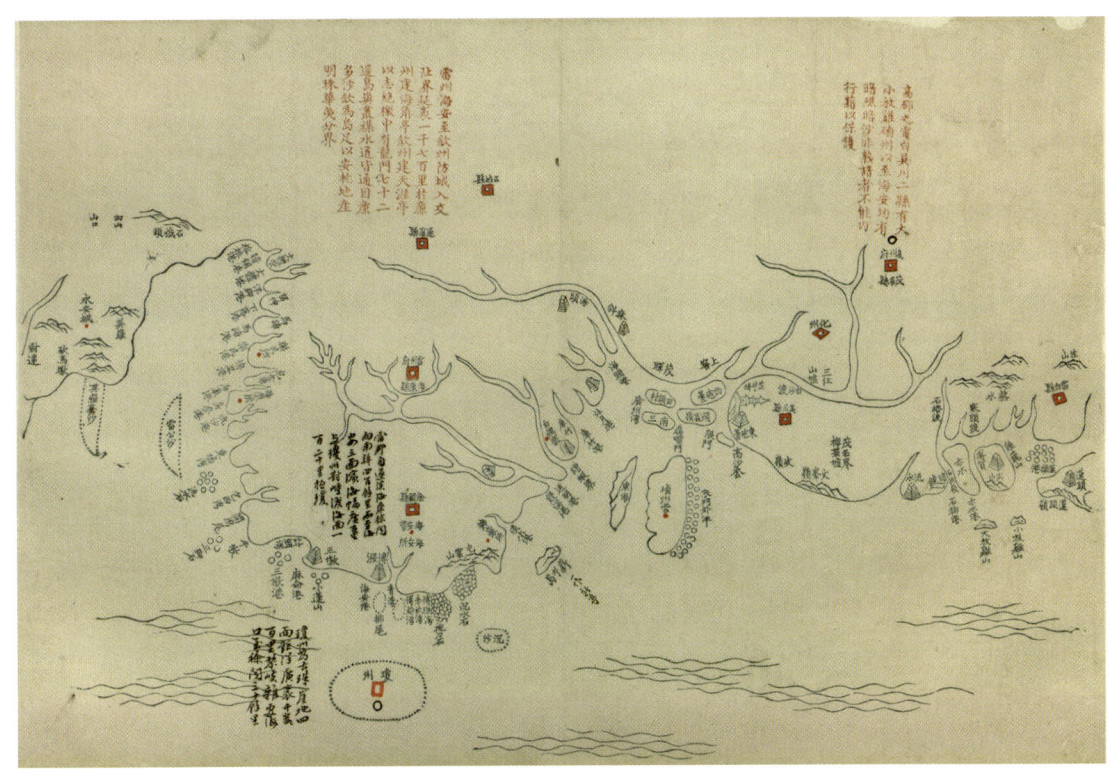

图7
《七省沿海全图》局部，琼州。清道光二十三年（1843）邵廷烈校刻，现藏于美国国会图书馆

由代理商行提供场地销售和日常饮食起居等服务，货物成交后，所得款项由货主和代理商行按 98∶2 的比例进行分配。

另据史料记载，清道光年间，由海口至越南、新加坡、泰国等国的帆船每年不少于百艘，出洋的大都是三桅帆船。民国以后，海上交通工具由帆船过渡到轮船，极大地提高了人们出洋的便利和安全性。往返于海口至南洋的国内外轮船就有十多艘。从海口港出洋的海南人日增，据琼海关资料记载，1918 年为 1 万多人，1927 年则达到近 5 万人。

从白沙津到海口浦

海口因港而生、因港而兴、因港而盛，今天又因为海南建设自由贸易港而闻名世界。如果用一句话来总结海口这座城市的历史，那就是"先有港而后有城"。

图 8
水巷口居民在农历初一、十五及其村庙供奉神灵诞辰等日子,至今仍然保留上香祭祖敬神的信俗仪式

图 9
粮油店的主人敬供财神,现如今水巷口的老居民仍然保留着朴素的民间信俗

图 10
水巷口民居内堂摆饰

纵观人类发展史,河海交汇之处往往海陆交通便利,内外互动频繁,孕育出璀璨的人文重镇。一千多年以前,海口只是琼州首府府城的外滩,明清时期也只是拱卫府城的卫所营镇、交通海上的津浦港口,却在近代凭借天然优势,一跃成为颇具国际风尚的现代城市,开创历史新篇章。从历史上看,海口起源于汉代,开埠于宋末,兴起于明初,繁荣于清代,到民国时期开始成为海南岛最重要的城市,直至今日。

千年渡口

海口历史悠久，地理位置优越，北枕海安，南近交趾，东连七洲，西通合浦，自古以来便是我国南疆边陲的海陆交通要冲，重要的港口商埠。西汉元封元年（公元前110年），汉武帝征服南越，设珠崖郡，海口属于珠崖郡玳瑁县管辖。根据史料记载，海口的历史与"白沙津"和"海口浦"这两个地名息息相关。

海口历史上曾隶属于琼山县，宋代称海口浦，明代称海口都、海口所或海口所城，清代称为琼州口等。它从产生到兴盛，见证了古代海南岛政治中心、郡县或州府治所的变迁历史。海口港在宋末元初"迁津建浦"，即从原来的白沙津迁移到水巷口、长堤路一带。同时琼州府的官方渡口也从白沙津西移到水巷口一带。

白沙津是一个比海口历史还要古老的地名，频繁出现于海南的史料古籍中，它是海口港最初的所在地。南渡江奔流入海时挟带大量沙子，在出海处堆积起来，长年累月便形成了大大小小的沙洲，这就是今天海甸岛、新埠岛、白沙门等地的来源。在海甸岛与新埠岛之间有一处弯弯曲曲的海岸可以停靠船只，历史上称之为白沙津，设有古驿站和渡口，所以也称白沙渡，也就是最早的海口港。

宋代王象之所著的《舆地纪胜》记载："琼州白沙津，蕃舶所聚之地，其港自海岸屈曲，不通大舟，而大舟泊海岸，又多风涛之虞。"流沙一直是困扰海口港的大问题，历史上曾尝试"欲直开一港，以便商旅，已开而沙复合"，但由于流沙多，旋开旋塞，虽多次疏浚港道，耗费甚巨，却劳而无功。

就在人类面对大自然束手无策之时，南宋淳熙八年（1181），海口地区突然飓风大作，暴雨倾盆，南渡江水冲泄，白沙津遂自决成港，此后往来船舶皆可入港避风。这种神迹，时人纷纷称奇，白沙津此后也被称为"神应港"。

神应港因神力自成之后，成为本岛最大的贸易港口、货物出入的主要门户。发达的海运也促使海口成为琼州郡治要津和海上航行中枢，是对外贸易的集散地。

宋代末年，神应港顺着海甸溪向西发展，在今天海甸岛一庙至六庙一带形成海口浦。南来北往的商人和出洋入海的渔民在此聚居，建造海口最早的妈祖庙及其村落保护神庙。今天这一带仍然存在大量的庙宇，民间信仰文化十分浓厚。《地理志·海南》记载："坊间村落行

图11
标"琼州府"的古地图局部,手绘于1840年以前

傩礼,设醮抬神,贴符逐疫。"

从地图上看,今天的海口市大概包含了历史上的海口浦与琼州治所府城。府城是海口人文历史和城市文化的重要起点,也是关键一节,它的历史比海口浦更为悠久,文化沉淀更为深厚。

与明清两代不同,宋代统治者对海外贸易表现出十分积极和开明的态度。在宋代"开洋裕国"的利好政策下,与府城相隔10多公里的海口浦成为琼州的海上门户、商业和贸易的发展原点,神应港则成为海南岛的海上丝绸之路上的船舶停靠港口。海口浦和神应港同时成为琼州连通外界、走向大海的门户,二元格局正式形成。到了宋末元初,神应港的地位和作用则开始逊于海口浦,到了清代基本被取代。

千年官渡

海口港地处海南岛北部,既是岛内对外贸易的重要港口,又是岛上居民出洋谋生的主要口岸。历代中央王朝也在此驻扎水军,建立海防要塞。从地理位置和交通便利角度来看,由于其地处南海航运中枢,是我国东南沿海港口到东南亚各地通航贸易的船舶必经之港,因此素有"琼州门户"的美誉。

梳理海口港的历史,它的地理位置并不是一成不变的。宋代前期的海口港主要指白沙津,后两地同时成为海口港,但为期不长。到了明清两代,海口港则基本迁移到海口浦所在地。

宋末元初,由于海口陆域扩大,白沙津重要地位逐渐被海口浦所取代,所谓"迁(白沙)津设(海口)浦,自浦渡海称海口港"。海口港从原来的白沙津迁移到海口浦,水巷口的渡口位置和功能也由此得以凸显。

元取代宋后,继承宋代开明的海外贸易政策,海口港已成为中国南方良港之一,并凭借地理优势,扮演着海上丝绸之路中转站的重要角色,各地商船往来频繁,海上贸易持续兴旺发达。元代至元三十年(1293),专门设立了海北海南博易提举司,负责按照市舶条例征税。元代在海口浦设"南藩兵营""番民所",可见海口浦与海外诸番连通密切、往来频繁。

海口港的繁荣带来了商业发达,大大促进了海口城镇的发展。由于地增人多,海口浦扩大,码头移到通津,水巷口建成官渡,成为岛外人员进入海南岛的重要关口。正德《琼台志》记载:"海口港,在县北十里海口都。水自南渡大江,至此会潮成港。今官渡自此达海北。"这里所说的官渡就是水巷口渡口。元朝第八位皇帝图帖睦尔即位前曾被流放海南岛,就是从水巷口官渡登岸的。

图帖睦尔(1304—1332)即元文宗,是元武宗海山的二子,十分喜欢中原汉文化,在诗书棋画方面均有很好的造诣。因皇权斗争激烈,至治元年(1321),元英宗下旨命令图帖睦尔离京"出居海南"。《元史》作了简略记载:"迁亲王图帖睦尔于海南"(《英宗纪》),"出帝居于海南"(《文宗纪》)。说是"迁居",实际就是发配流放。

海口浦凭借地理优势崛起,带动了水巷口一带的发展,为后来水

图 12

《琼郡地舆全图》亦作《琼郡舆地全图》,又名《海南岛图说》。海南清嘉庆时期地理学长卷挂轴图,描述、记载了清代海南岛黎族生活、习俗等情况。其作者已不可考。原地图比例尺为1∶200 000,184cm×93cm,彩色,现藏于美国国会图书馆

巷口、长堤路、中山路等骑楼历史文化街区的形成奠定了基础。不过到了清代末期，海口港在诸多学者文献记载里已不再是优良港口，但因其地理优势，仍然保持着当时海南岛最重要港口的地位。

《琼郡地舆全图》又称《海南岛图说》，是作于清嘉庆时期的地理学长卷挂轴图，地图按照上南下北绘制，标出了清代的琼州府城以及下属十二个县的县城——澄迈、定安、临高、儋州、昌化、感恩、文昌、会同、乐会、万州、陵水、崖州，共十三个行政单位。

开埠通商

今天的海口市历史上曾归属于琼山县,到近代凭借优越的地理位置,成为整个琼北地区最重要的海陆交通枢纽。近代,英、法两个西方列强首先盯上海口的地理优势,通过不平等条约将其列为通商口岸,这也在客观上为海口发展成具有一定国际化程度的城市拉开了帷幕。1926年,民国政府在海口设立市政厅,海口正式从琼山县脱离,成为独立市。刚成立不久的海口市便因为地理因素,成为全岛的经济中心。当时在南洋诸国事业有成、热爱祖乡的华侨纷纷归来,在此投资兴办实业,建造骑楼,水巷口等骑楼历史文化街区因此而形成。

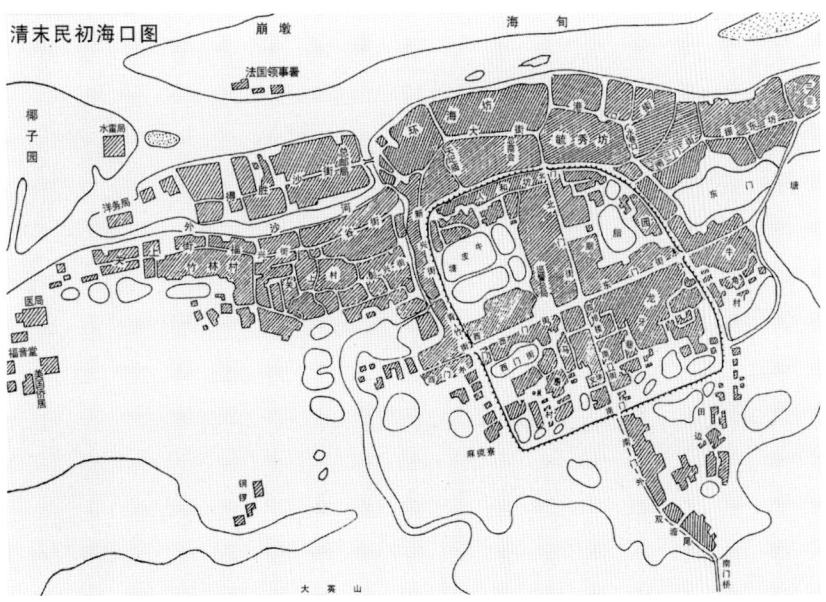

图13
水巷口街古名毓秀坊,位于所城东北部,因河流到街口而得名,西侧是海口市最早的渡口码头之一

开关通商

依照地势,海南岛可以划分为三大区域,即东北部、西北部和南部。南部因五指山阻隔,与其他两区在古代联系、互动较少。而东北部和西北部亦有不同之处,其中西北部以儋州那大镇为中枢,种植业较为发达,特别是树胶。东北部则为全岛最发达的地区,人口也最多,以海口为贸易中心。从清末开始,全岛对外贸易几乎集中于海口。

以地理而言,海南岛位置极其优越,适为沿海岸航线要道所经,是香港和东南沿海口岸与新加坡、越南、马来半岛的联络点。正因为如此,西方列强对海南岛一直存有觊觎之心。第二次鸦片战争后,清政府被迫与英、法于清咸丰八年(1858)签订了《天津条约》,将琼州增设为全国十大对外开放通商口岸之一,并允许英、法等国在海口设立领事馆。咸丰十年(1860),条约正式换文生效。西方列强的势力开始明目张胆进入海口。同年,英国率先在海口设领事,并建领事馆。在中英条约和中法条约中均有关于与琼州通商的条款,如:

中英《天津条约》第十一款:

"广州、福州、厦门、宁波、上海五处,已有江宁条约旧准通商外,即在牛庄、登州、台湾、潮州、琼州等府城口,嗣后皆准英商亦可任意与无论何人买卖,船货随时往来。至于听便居住、赁房、买屋,租地起造礼拜堂、医院、坟茔等事,并另有取益防损诸节,悉照已通商五口无异。"

中法《天津条约》第六款:

"中国多添数港准令通商,屡试屡验,实为近时切要。因此议定,将广东之潮州、琼州,福建之台湾、淡水,山东之登州,江南之江宁六口,与通商之广州、福州、厦门、宁波、上海五口准令通市无异。其江宁俟官兵将匪徒剿灭后,大法国官员方准本国人领执照前往通商。"

图 14
民国时期的琼海关,1939年2月10日,日军侵占海口后,日本人把持了琼海关,成立海口日本居留民会,会址设在水巷口40号

继英国之后，美国、德国、法国、意大利、比利时等西方列强都纷纷效仿，蜂拥而至，在海口修建西式风格的领事馆等建筑，进行通商、传教等。民国《海南岛志》记载："本岛自前清咸丰八年与英俄法美四国订约，准予开埠通商传教，此为对外贸易嚆矢。其后十一年中德条约，同治二年中丹条约，三年日斯巴尼亚条约，四年比利时条约，五年中义条约，八年中奥条约，俱准一体通商传教。"

近代各国在琼州设立领事馆时间如表 1.1。

上表共有 10 个国家在海口设立领事馆，当时海口市区人口尚未足 5 万人，却有如此之多的外国领事馆，可见其对外地位之重要。在这些国家中，英法领事馆派员最多，有常驻人员，其中英国派驻琼州领事馆的人员多达 22 人次。在琼州设领事馆历时最长的是日本，长达 66 年。随着通商口岸的开辟和领事馆的开设，西方列强势力正式入侵海南，海口作为中国海疆门户从此洞开。海南岛是海上丝绸之路航线的必经之地，又是扼守东南亚海上贸易的咽喉之地，因此全岛贸易中心海口自然成为列强掠夺和入侵的战略首选之地。

民国《海南岛志》记载："查中国与英法订约，准在琼州通商，在咸丰八年五月十六日。至光绪二年三月，始由广州府英领事罗贡带同驻琼副领事佛礼赐来海南租公馆筹办一切，二十九年乃建领事馆于海口市关厂坊沙尾地。至法国，在光绪二十三年正月，始派雷琼领事甘司东来海南视事，租地建领事馆于海口市大庙前隔河之沙基地，与海地第六庙接壤。德国至光绪三十三年六月，德政府始派梅赐亭为琼崖领事，宣统三年乃购地建领事馆于海口市盐灶村。此为英法各国所派领事驻琼之大略情形。"

海口成为通商口岸，客观上开启了海南岛与世界的接触、交流和融合。到民国时期，不仅海南的政治和文化中心逐渐由历史底蕴深厚的府城转移到新兴的海口，而且海上国际贸易日益频繁。根据史料记载，海口的海运航线可到达新加坡、马来西亚、泰国、印度尼西亚、越南，以及中国香港、澳门和台湾等国家和地区，因此，海口也成为全岛贸易最兴盛、商业最

表 1.1
近代各国在琼州设立领事馆的时间

国家	设立时间
英国	咸丰十年（1860）
美国	同治十一年（1872）
日本	同治十二年（1873）
德国	光绪七年（1881）
法国	光绪二十三年（1897）
奥匈	光绪二十一年（1895）
葡萄牙	光绪二十三年（1897）
意大利	光绪二十五年（1899）
比利时	光绪二十八年（1902）
挪威	光绪三十三年（1907）

注：此表格根据 2004 年方志出版社的《海口市志》中的时间整理，与民国《海南岛志》所记载时间有出入。

发达的地区，水巷口渡口及其周边商业街区成为全岛出入口和货物总汇之地。

图15
海甸溪对岸的海口法国领事馆

图16
英国领事馆职员

琼海关设立

从历史图片大致可以看到，成立于清代的琼海关通过海甸溪水道与水巷口相连，站在水巷口骑楼上亦可直望琼海关，两者仅一街之遥。

清康熙年间，为了加强国外贸易管理，清政府在东南沿海地区设立了四大海关，即津海关、江海关、闽海关、粤海关，而海口便是粤海关下设的七个总口之一。此时，海口已经成为海南全岛交通枢纽和贸易中心。当时这些海关的职能是检查货物，征收关税、船税。1840年鸦片战争后，西方侵略者迫使清政府签订不平等条约，外国人开始掌控中国海关机构。

今天人们在海口看到的琼海关并非原来粤海关下设的七个总口之一的海口海关，而是指洋关，其位于水巷口不远处的得胜沙8号。琼海关的设立是海口沦为半殖民地社会的标志之一。1858年清政府签订的丧权辱国的《天津条约》规定，开辟琼州为通商口岸，1876年在海口正式设立了琼州海关，俗称"琼海洋关"或"新关"，以此来管理对外贸易。但清政府原来设立的海关依旧存在，不过只负责管理国内船舶征税等。海口历史上两关并存的奇葩之事发生了，两个海关，一"土"一"洋"，一个主内、一个主外，当时人们习惯将主内的琼海关称为"常关"，将主外的琼海关称为"洋关"。

图17
海口海甸溪的风光

主外的"洋关"从成立到1945年,一直掌控在外国人手里,其"一把手"被称为税务司,其职位均由外国人担任,历经40位洋人税务司。20世纪40年代日本侵占海南后,税务司由日本人担任,并改称为"海关长"。1945年日本投降后,琼海关被国民政府接管,税务司也开始由国人担任,从此结束了外国人统治海关的局面。

琼海关选择在骑楼街区一带临海甸溪而建,因为这里临海面港,是琼北地区的门户,地理位置十分优越,与海关的职能十分适宜。再则,水巷口渡口码头离此不远,是全岛商品贸易总汇之地,也是人员出入岛内外的重要渡口。

琼海关的设立,标志着海口在对外贸易方面确立了不可替代的地位,自此它彻底取代府城,成为海南岛的政治、经济中心,直至今日。这种变动带来人口的聚居、商业的发达,骑楼街区在此背景下逐渐成为海口的核心商业圈。同时加上口岸的开放,国外人员的进入、商品的流入、时尚的传入,随之而来的是文化的渗入。海南人最熟悉的喝咖啡习惯便是在琼海关时期开始形成的。当时中国绝大多数地方尚未知道咖啡为何物,见过它的人少之又少,但咖啡馆在海南已随处可见了。

如果我们能够穿越时空回到清代,在海口水巷口、中山路、得胜沙等街头,经常会遇到西方的传教士、商人、学者,也会看到一些中国人开始穿上西服行走在大街上。

与近代海口的兴起形成鲜明对比的,是府城的衰落。对此法国人萨维纳在《海南岛志》里如此分析:

"琼州或琼山,……现在依然是全岛的首府,……但却全然破旧,到处被虫子蛀过,一旦倒下成为废墟,再也站立不起来。海口这座位于金江口的城市,是现今岛上真正的首府。

海口城作为全岛的骄傲,在不停地改变,不断地美化。它现今有了邮局、电报局、电话、电力、无线电报、飞机、自来水井,大马路两旁有最时髦的商铺和旅馆,街上车水马龙。它与琼州旧城以及北部各地有定点班车相通，这些班车日益取代那些顶着热风、骨瘦如柴的车夫们，以及那些传说中才有的人力车。

（海口）城内狭窄的小巷在一天天消失，让位于新的林荫大道。老旧的被烟熏黑的小店铺，被拔地而起用钢筋水泥建造的大型货仓取代，里面摆满了来自世界各地的货物，尤其是日本、英国、美国和德国的货物。法国仅向这里出口精品红酒、各种烈酒和香槟，这些酒在所有的新式酒店里都有充足的供应。

从印度支那和东京（按：指越南北部）来的船几乎只运送大米和水泥，这些水泥是中国日益增多的新建筑所需要的，并与暹罗产的水泥相互竞争。

昔日的首府琼州如今在它的现代邻居面前，已经彻底黯然失色，后者以前只不过是它的一个不起眼的外港，而且多少可以说是走私犯、海盗与贼船的窝。"[1]

海口成为通商口岸之后，加上琼海关的成立，海口便成为整个海南岛的商务要地和商业中心。1932年，琼崖实业调查团对海口工商业开展过一次调查，结果显示：海口当时有织造厂20家、染厂30家、牛皮制革厂44家、家具厂15家、印刷厂23家、椰雕厂5家、

1　萨维纳. 海南岛志[M]. 辛世彪，译注. 桂林：漓江出版社，2012：4.

图18
海甸河上的琼州海关楼

饼干厂3家、制冰厂1家、罐头厂6家、调味品厂10家、饮料厂1家、酿酒厂7家。其中一些产品已销往香港和东南亚一带。1924年，当时统治海南岛的军阀邓本殷正在海口大搞城市建设，拆除明代建造的海口所城，拓建马路。当时琼籍华侨应邓本殷的邀请纷纷回国投资建造骑楼商屋，后逐渐形成规模。因临近海口港、紧挨琼海关，这些骑楼街区在近代成为海口的百年商埠。

因港而兴的水巷口

近代以来，海口港地处琼北门户的地理地位越来越重要，但其先天不足的问题愈加突出。海南岛北部的海滩平坦，水面开阔但水深不足，岛上最大的江河南渡江经此汇入大海，每年挟带大量的泥沙冲入琼州海峡，因此，历史上琼北地区一直难以形成深水港。宋代的白沙津还是依靠天降飓风才成就早年的海口港，这多少带有神话色彩。不过也可以看出，海口港的先天不足是人力所难以改变的，这就是为什么清末和民国时期，海口港改造问题多次被提及而最终不了了之。

民国时期，无论是国内学者还是国外研究人员对海口港的描述，都表明它是一个极其糟糕的劣港，如不是地理位置优越早已被抛弃。民国陈铭枢《海南岛志》中记载："海口港在本岛北部，距琼山城7里，南渡江由此入海。港内沙滩四布，水浅而路窄，大小轮船均不能驶入，须停泊于2英里外之海心，客货起落全用帆船转驳。帆船达岸时间，潮涨而遇顺风，约需2小时；若逆风潮退，则常至五六小时。风浪作时，轮船不能下梯，旅客须用绳索吊下；风浪稍大，则货物不能装卸，交通至为不便。海口以如此劣港，而能为现时海南商业之中心者，徒以接近雷州半岛，便于大陆之交通，并曾经开为通商口岸，又在东北部人口繁盛地区，故能维持其地位而不衰落。""加之通商口岸，外货之所集散，辟市已久，既成商业中心，纵一旦海运形势迁移，亦必能保其北部之相当地位，此无可疑者也。"[1]

作为全岛海陆交通枢纽，岛外各种生活必需品经过海口港，在水

---

[1] 陈铭枢总纂，曾骞主编. 海南岛志[M]. 海口：海南出版社，2003：78–79.

图19
20世纪,海甸溪仍然保留着摆渡的船只

巷口一带的渡口码头稍作停留后被供应到岛上其他地方。同时这里常年有船只通往安南、新加坡等南洋诸国和国内东南沿海地区,当年著名的贩卖"猪仔"也发生于此。可以说以海口港为核心的区域是当时海南岛的唯一命脉。

1882年,美国传教士香便文从海口出发,在海南岛进行了为期45天的徒步考察。初次登上海南岛时,香便文对海南并无好感,大概原因就是海口港让其有一种受罪的感觉。他在《海南纪行》中写道:"我们乘坐一艘破旧的小汽船,从香港驶往海口,船舱就在蒸汽锅炉上面。船上的一切设置都极易让人产生不适和厌恶。缓慢的速度又加剧了这种感受,两个港口之间290英里的路程耗费了我们两天一夜的时间。我们远离人烟,行进在茫茫大海上,看不到任何海岸风景。靠近海南时,首先映入眼帘的陆地是七个小的礁石岛,其中一个岛的中间穿出一条大通道,非常奇特。我们驶进琼州海峡时,仆鼓角、铺前塔和木兰头相继出现。木兰头是航线上最危险的点,暗礁与水流诡秘,航道错综,在晚上没有船能开得过去。通行的困难会随着潮汐的状态而增加,海峡的潮水24小时内才涨落一次。浪花撞击着从对面大陆延伸出来的半岛上的沙滩,留下来长排的白色水沫。"[1]

1　香便文. 海南纪行[M]. 辛世彪,译注. 桂林:漓江出版社,2012:5.

图20
日军从海口港进入海甸溪登录水巷口,入侵海口市。从图中可以看到,对岸骑楼林立,长堤路、水巷口等街道沿水岸线而建

图21
民国时期骑楼商铺
海南省博物馆翻拍

按照香便文的记录,当时抵达海口港的船只只能停靠在海面上,然后换成人力舢板,沿海甸河而下,然后从水巷口等一带上岸。史料记载水巷口一带曾聚集了大批"苦力",专门从事码头搬运和舢板运输工作,他们当年的标配早餐——辣汤饭至今仍然是水巷口有名的美食,成为这段历史的有力见证。

海口港的劣势让水巷口的渡口和码头功能显得尤为重要,水巷口承担起十分重要的中转站角色。这也直接带动了水巷口一带骑楼商业街区的繁荣与发达。

城市建设

1926年，海口市从当时的琼山县脱离出来，独立设市，因城市建设、商业发展的需要，将始建于明代的海口所城拆除，重新规划并拓建道路。海口市的基本格局就是这个时期奠定的。

拆城拓路

近代海口的城市建设是从路政建设和拆城拓路开始的。民国陈铭枢在《海南岛志》中记载："海南路政始于民国十一年，设琼崖全属公路分处，省长公署委任琼崖善后处长邓本殷兼分处总办。是年12

图 22
当今沿河而建的长堤路紧邻水巷口，其雏形便是在邓本殷掌管海南期间兴建的

月,由全省公路处呈准,将分处裁撤,改组公路局,先后委陈雪峰、陈延藜、林大魁为局长。十五年二月,国民革命军南路总指挥部先后委邝悦光、王鸿鉴为局长。"

在海口近代城市的建设和发展过程中,邓本殷是一个绕不开的人物,他也是海南岛近代发展史上毁誉参半的人物。从1921年率部掌管海南岛,到1926年被国民革命军击败逃亡越南,在邓本殷掌管海南岛六年期间,他一面实行"琼人治琼",大量起用本土人才,一面拆城筑路,大搞基建,招商引资,发展经济。因此,有人认为他治琼的六年时间是海口的黄金时代,今天的海口骑楼绝大多数就是在邓本殷统治海南岛期间建造起来的。但同时邓本殷在治琼期间私自铸币、横征暴敛、私开赌禁。

邓本殷是典型的行伍出身,1879年8月27日出生于广东防城县茅岭乡大陶村(今属广西),客家人,自幼失学,早年随双亲以务农、织席为生,是一个酒徒和无赖。1899年,邓本殷因赊酒无门,气闷之极,入防城县衙报名从军,先入伍当伙夫,后提为士兵。邓本殷身材魁梧,作战勇猛,深受上级赏识。辛亥革命后,邓本殷先后担任广东警卫军营长、粤军第四支队司令、粤军第四独立旅旅长,战功卓著,很受孙中山和陈炯明赏识。1920年,孙中山在广东开展军政整顿,将广东省分为十个善后处,担任粤军第四支队司令、粤军第四独立旅旅长的邓本殷兼任琼崖善后处处长。

图23
邓本殷

邓本殷掌管海南岛期间,特别热衷市政建设,尤其是路政方面。其治琼六年期间,海口的公路从四五条增加到三十多条,海南的路政在他的手里有了极大的发展。1924年,邓本殷将具有500多年历史的海口所城拆除,以便拓建道路。拆除海口所城得到的大量方块石头主要用来修筑一条从水巷口到外沙河的大路,路宽12米,这就是今天与水巷口紧邻的长堤路的雏形。除了拆城筑路以外,当时还填掉许多小河小溪修建新路,今天的水巷口就是将原来的河道填建和扩建的,路面加宽至9.5米,并将原有的港口街合并进来。根据史料的记载,当时海口新建或扩建的道路路面都很宽,可以行驶汽车。

总而言之,邓本殷拆旧城拓新路,筑堤岸修炮台,一定程度上促进了海口的发展,使海口迎来了发展的黄金时代,但是这种发展是以牺牲海南人民利益、搜刮民脂民膏为基础的。民国《海南岛志》记载:"邓氏据海南数年,恣意搜括,弗恤民隐,怨声载道,宜其一败涂地也。"

华侨归国投资

客观地说,邓本殷确实是骑楼建造的推动者,但是海口骑楼建筑历史文化街区的真正缔造者,毋庸置疑,是在海外事业有成、热心祖乡建设、积极回国安家兴业的华侨。海南人习于航海,自古便有侨居海外者,民国以来远渡重洋之风更盛,其中不乏巨富者,他们笃于乡土观念,团体之力较强,对国内慈善、教育、投资之举亦表现出十分热心。

为了大力开展市政建设,邓本殷通过南洋诸国各种关系,发动海外琼籍华侨返乡投资,兴建骑楼商业街区。为了加快建设,吸引更多华侨投资,邓本殷甚至强行征收附近民房,将其拆迁铲平,然后转卖给华侨。海口骑楼建造最快的时候,几乎每天都有一栋拔地而起。今天海口的水巷口、中山路、博爱路等老街的骑楼基本上都是在邓本殷统治海南岛时期建成的。

道路扩建之后,海口的城市功能更加完善,客观上促进海口商业贸易大力发展,特别是骑楼商业街区,不仅有各种洋杂行、五金、汇总等,而且还建成了当时的海口第一楼——五层楼。它是由海南著名华侨吴乾椿于1931年投资50万银元建设的,1935年竣工使用,占地面积1684.4平方米,楼高27.04米。五层楼建成后由其儿子吴坤龙先生经营,是当时海口最高级的娱乐场所,集歌舞厅、高档餐厅、酒店、电影院为一体。

民国陈铭枢在《海南岛志》里说:"将来全岛日渐发展,当非单独借本岛内地土人之力可致,仍当借外来侨商之力。照现在情形,外来侨商固以海口及琼州为出入枢纽，即多年之后，亦莫不如是也。"[1]

回顾海口近代发展史，没有华侨就没有当年海口的兴盛与繁华，华侨对近代海南的建设发展作出了巨大贡献。

海口建市

民国十五年（1926），广东省政府鉴于邓本殷在琼崖劣迹斑斑，任命李济深为第四军军长，以张发奎十二师英琪翔团为先头部队，讨伐邓本殷。李济深的南征部队攻克雷州半岛，大军乘胜渡海，一举击溃邓本殷，占领了琼州府城，推翻了军阀邓本殷盘踞琼崖六年之久的反动统治。2月，国民党在海南岛设置行政专员公署，国民党琼崖特别党部在海口大街会昌旅店（今海口市中山路80号）成立。党部书记由琼崖行政专员张难先兼任。

1926年12月9日，广东省国民政府委员会第五次会议，决定将琼山县的海口改为独立市，设市政厅，龙道孔任第一任市政厅长。市政厅办公地址设在今新华南路5号，下设秘书处、民政、财政和工务三个局，辖区分为三个警察区，编办保甲、清查户口。据统计，当时海口计有4502户，45 454人。

国民政府将琼山县下属的海口改为独立市，很重要的原因是海口当时的商业相当发达，是海南岛最重要的商业中心和交通枢纽，它临海面港的地理位置十分优越，便于连接与交往。据《海口市志》记载，建市时的海口市商业繁荣，全市商店已达600多家，年贸易总额1000多万元。特别是水巷口一带的骑楼商业街区，更是十分繁华。

1　陈铭枢总纂，曾蹇主编. 海南岛志[M]. 海口：海南出版社，2003：561.

老街新生

2009年6月10日，海口骑楼老街作为现今国内骑楼建筑保留规模最大、保存基本完好、极富中西特色的历史文化街区，经文化部和国家文物局批准，名列首批十大"中国历史文化名街"名单。这对海口骑楼老街而言，极具里程碑意义。此前，社会各界有关保护海口骑楼老街的呼声从未间断，因为这是海口最重要的文脉之一，街道两侧矗立着百年以来充满南洋建筑风情的骑楼，见证了海口的变迁。

2010年1月4日，国务院出台《关于推进海南国际旅游岛建设发展的若干意见》，海南国际旅游岛建设被正式纳入国家战略。由此，在相关政策支持下，海口骑楼老街的保护和活化利用也迎来前所未有的历史机遇。

实际上，在海口骑楼老街被列为首批十大"中国历史文化名街"之前，海口市政府已委托2005年成立的海口旅游文化投资发展集团有限公司（下文简称海旅集团）对其进行保护与改造。海旅集团是海口市属国有企业，文旅经营是其主要业务板块之一。起初，海旅集团成立海口骑楼老街项目办，专门负责海口骑楼老街的人文历史信息调研、前期可行性研究报告等工作，当时省内外很多研究历史文化名城名街和骑楼文化的专家学者都参与其中。前期工作为海口骑楼老街

图24
此图拍摄于1979年，很多船只停泊在海甸溪，两岸的街区清晰可见

图25
政府领导与骑楼公司人员现场研究水巷口步行街区提升与整治工作。水巷口步行街综合整治前,两边建筑基本处于年久失修、破败不堪的状态

获评首批十大"中国历史文化名街"作出巨大贡献,可谓功不可没。但是海口骑楼老街开启实际性修缮和改造工作主要开始于2010年。

海口市在2010年曾制定出台了《海口骑楼建筑历史文化街区及其历史建筑的修缮与保护技术导则(试行)》,明确提出"保护真实历史遗存,保护街区整体风貌,保护和延续历史文化街区的生活功能"。

这份技术导则是海口骑楼修缮与保护的具体指南、操作手册和制度保障,它既是技术性指导,也是法理性依据。导则最大的特点就是对骑楼修缮和改造细节作出了许多具体而明确的规定,部分条目如下:

- 骑楼街区历史建筑的修缮应体现海口骑楼的特征:"前店后居"或"下店上居"式的建筑布局形式;大进深、小面宽;主体墙面以白色为主,点缀绿色的彩蛋装饰与宝瓶栏杆;屋顶以坡屋顶为主,配灰色屋瓦或混凝土仿制瓦。

- 立面应体现海口骑楼街区元素:女儿墙、柱子、拱券应体现砖雕

图26
左边是位于水巷口的骑楼历史街区旅游集散广场,其建筑风格与右边水巷口的骑楼明显不同,体现着"新旧共生,和而不同"的设计理念

工艺;窗楣可选用方形、半圆券形、敞肩形、尖券形,也可采用盲券不开窗、印度支提窗。外墙表面装饰纹样应体现海南文化与祈福文化的特征。

- 沿街两侧建筑按原有高度控制,建筑地面以上不得超过四层,总高度控制在15米以下。

对骑楼老街进行保护与修缮,海口市政府可谓是费尽心思,投入了大量的人力和物力。2012年,海口市政府正式启动海口骑楼建筑历史文化街区保护与综合整治项目,水巷口北区骑楼是首批修缮对象,也是较早动工进行修缮与保护的工程。当时共修缮了10栋骑楼,其中,4栋属于一类历史建筑,3栋属于二类历史建筑,3栋属于三类历史建筑,最高的骑楼建筑有3层。

对于这10栋骑楼,修缮与改造的总体原则是"修旧如旧",尽可能地保留其原有的历史信息、人文价值和建造工艺。为此,修缮工匠在动工之前都要请教文保专家反复推敲、认真核对,再将每一块从骑楼老宅里拆下的门板、窗棂、插销等用卡片牌登记好楼号和出处,然后再进行逐一翻修、上漆、补裂,让这些历经百年沧桑、年久失修

图27、图28
骑楼老街改造前后对比

的老物件能够焕发新生。

海口市对骑楼修缮材料的选用原则和供应也作出明确的规定,即在不影响骑楼街区安全及外观的情况下,提倡使用从旧房上拆下的旧砖、瓦、石材,旧木料的选用应从严把控;对于骑楼街区第二、第三类历史建筑内部,在不影响外观风貌的前提下,提倡使用新型、绿色和生态建材。修缮原则虽然提倡沿用原材料,但没有一味地追求绝对的原有物件,这并非妥协或变通,而是为了更好地传承和创新。历史建筑的修缮重在对"原式"的传承,而非保持"原物"的永恒。根据常青院士所说,20世纪后,中国历史建筑修复倾向于风格复原、原形追求,也就是重"式"轻"代"。

2014年,海口市为了对骑楼老街进行业态调整和功能优化,在水巷口的北区、紧挨长堤路的地段,即海口骑楼老街入口处,建造了旅游集散广场。这个广场的建造可谓煞费苦心,如何做到历史与现代的协调融合尤为关键。

从地图上看,长堤路沿着海甸溪紧邻骑楼老街,中部由水巷口即可拐入骑楼街区。在老街入口建造旅游集散广场,有利于整体优化骑楼街区功能、合理进行人流引导,设计科学合理。但是设计这个广场的难点在于,既要尊重原有的历史街区风貌,又要运用现代手法延续历史建筑的内涵。负责设计的同济大学设计团队提出了"新旧共生,和而不同"的设计理念。

根据同济大学设计团队的介绍,集散广场是新式风格的骑楼建筑。团队采取新旧共存、自然过渡的策略,保留几栋品相较好的老骑楼,其他大多进行新建,但不是建造仿古形态,而是引用骑楼天际线和结构造型,外立面采用现代风格。从整体上看,新建筑既有老骑楼的影子,又能满足新业态的功能需求。

集散广场建成后,引进了极具海南地方茶楼文化特色的老爸茶、东南亚餐厅娘惹菜等,这些业态与水巷口的历史信息、集体记忆息息相关。水巷口在海口历史上是重要的官方渡口和商埠码头,见证了海南人踏浪海上、勇闯南洋的历史,走进东南亚餐厅可以瞬间让人们回想起那段波澜壮阔、跌宕起伏的历史。

海口骑楼老街投资开发有限公司领导认为,水巷口的修缮主要坚持三个原则:一是保留历史建筑风貌的完整性;二是保留街区的人文气息、老居民的生活方式；三是保留水巷口的历史环境要素。

海口市龙华区领导认为，在保护和修缮的同时，如何让水巷口老街焕发新生，如何实现历史建筑保护和现代活化利用的有机链接、实现功能改造和业态调整的有效融合，是政府实施综合整治工作首先要考虑的问题。2022年，龙华区政府曾成立骑楼老街改造项目指挥部及专家委员会，统筹推进骑楼街区的保护、修缮、改造和提升工作，全面提升老街营商环境，优化招商引资政策。针对符合街区扶持标准的商家，政府将提供相应优惠政策，保障优质业态顺利进驻，通过多方参与、共建共享，展现百年骑楼风华盛景。

2022年3月，海口市龙华区政府对水巷口东侧的步行街启动整治提升工程。水巷口步行街共有骑楼建筑60多栋，其中包括一类历史建筑3栋，二类历史建筑7栋，三类历史建筑14栋。整治提升工程主要对水巷口200多米街道范围内的建筑进行保护性改造和修缮，主要包括修缮外立面、打通廊道、改造市政道路等，总投资2000多万元，于当年12月基本完成。

同时，海口市龙华区还制定出台了《海口市龙华区骑楼建筑历史文化街区保护修缮与提升管理办法（试行）》，为水巷口等骑楼老街的保护修缮和升级改造提供制度性保障和政策性支持。同年，选取骑楼老街中山路、水巷口、琼海关、长堤路沿街路段围合成首期示范区，规划商业、文化、产业、住宿四大业态，在保留街区原有价值的业态基础上，面向海内外，尤其是海南优质品牌进行招商引资。

针对历史建筑的现行保护体系，国家层面的规章制度主要有《中华人民共和国文物保护法》《历史文化名城名镇名村保护条例》和《历史文化名城保护规划规范》，但是历史建筑保护同时也需通过地方法规政策来落实，而各地区政策受经济发展水平、认知水平和价值判定等因素的影响存在极大的差异。就此而言，近年来从海口市到龙华区采取的一系列保护措施极具借鉴与学习意义，如注重骑楼建筑及其文化保护的建章立制工作。

总体来看，水巷口的骑楼修缮和保护性开发大致可分为三个阶段：2012年主要修缮北区的10栋骑楼，包括今天人们所看到的游客中心；2014年主要修建旅游集散广场；2022年主要启动东侧步行街的提升与整治工程。在这10年的时间里，海口市政府和骑楼公司在

图29
整治前破旧的水巷口建筑

设计和工艺上始终坚持修旧如旧的原则，有效避免许多城市历史文化名街在改造和修缮过程中过度使用现代技术、现代材料，甚至出现"仿古建筑"的问题。

水巷口等骑楼老街的保护和修缮成效显著，为我国历史文化名街保护提供了宝贵的可借鉴、可学习和可复制的经验。除了"修旧如旧"和注重建章立制以外，还有一条比较重要的经验就是"赓续文脉"。

2024年4月，海口骑楼建筑历史文化街区被评为国家4A级旅游景区，成为海口最重要的地标性建筑街区，这是海口旅游产业发展的重要里程碑。今天，每一位行走在水巷口的游客都能感受到浓郁的南洋文化、码头文化、商埠文化和海南人向海而生的拼搏精神。

从负责修缮改造的设计团队、承担开发建设的骑楼公司，到主导规划监管的区政府，各方均有"赓续文脉"的共识和默契，着重留存骑楼文脉，留住海口的根和魂。

历史建筑作为地方文化符号的重要载体，既是历史存留的物质遗产，又是未来发展的文化资源。因此，历史建筑的保护与修缮，其核

图30
整治前,水巷口步行街许多骑楼建筑年久失修,破损情况极为严重

心和关键在于"文脉传承",即注重研究历史建筑和城市在物质和非物质演进中留下的各种历史印记及其间的复杂关联,并将其体现在与历史建筑保护息息相关的各种外部环境中。历史建筑保护是一项复杂而系统的工程,其修缮手段、方式及程度等,要综合历史建筑的法定身份、保护等级和使用性质等因素,具体建筑具体分析,一栋建筑一个方案。此外,水巷口的骑楼建筑目前仍然被注入了现代功能而被持续使用,其建筑保护需要巨大的维护资金和社会成本。因此,它绝非纯粹的保护技术性问题,而涉及管理者、使用者、投资者以及专家、公众等各界各方,需要一定的社会共识和利益平衡。将水巷口规模化的骑楼建筑群打造成可持续发展和利用的宝贵空间资源,将其作为海口市的政治、经济和文化战略工程,体现了龙华区政府的远见卓识。

千年渡口、所城巷道、百年商埠,历经风雨沧桑,如今水巷口老街在历史变迁中迎来了新生。修缮与整治后的老街唤醒人们的记忆,述说根的故事,记录新的征程。

第二章 百年骑楼

海口骑楼街区从形成至今已有100多年的历史，这里曾是海口最为繁华的商业街区和经济文化中心，商贾云集、名流聚居。它也见证了海南华侨闯荡南洋的传奇故事，以及19世纪海口开埠通商，作为重要对外通商口岸，中西文化在此碰撞、融合和交流。2009年6月10日，中山路、博爱路及水巷口等海口骑楼历史文化街区被国家文化部和国家文物局评为"中国历史文化名街"。这里是海南骑楼文化遗产最具代表性、最有价值、保存最为完整的区域，它们不仅是海口这座城市历史和文明发展最具说服力的见证，也是海口发展不可或缺的文化基因和鲜活的文化生态标志，更是构建海南自贸港共有精神家园不可缺少的基础。

今天，我们行走在水巷口，依然有一种置身异国他乡的错觉。两侧鳞次栉比的骑楼，年湮代远，经风沐雨，历经沧桑，至今气派不失，韵味不减，底色不变，依旧绚丽多彩、造型丰富、夺人眼目，延续和传承着水巷口百年商脉。它记录着100多年前，海南华侨的移民史、创业史及浓厚的家国情怀；见证了水巷口曾经商业发达、商贸频繁、商贾络绎的景象，以及海口最为精彩的商业传奇、最为剧烈的社会动荡和最为艰辛的南洋之梦；反映出海南人走出国门，走向海洋，谋生南洋，事业有成之后兴建祖乡、回报宗亲的民族意识和故土观念，也体现了当年海南华侨背井离乡、远渡海外之后渴望衣锦还乡、荣归故里的迫切心态。

图1
水巷口骑楼航拍

骑楼身世

历史建筑是一个地方的特殊符号和象征,它与时代记忆、群体认同、地方文化关系密切,不仅是地方文脉的承载者,也是城市记忆的见证者,是"凝固的史诗"。海口骑楼历史文化街区南起新民路,北抵长堤路,东达振东街,西至得胜沙,共九个街区,其中保存较为完好的骑楼建筑主要集中在得胜沙路、中山路、水巷口和博爱路。这里北望海口港、东临南渡江,处琼北门户的交通要道,是岛内与岛外货品交换、商品交易和人员交流的必经之路。优越的地理位置和便利的交通条件使得骑楼街区曾经是海口的经济发展原点、商业贸易中枢和文化信仰中心。

骑楼起源

何谓骑楼?《辞海》注释为:"南方多雨炎热地区临街楼房的一种建筑形式,将下层部分做成柱廊或人行道,用以避雨、遮阳、通行,楼层部分跨建在人行道上,曰'骑楼'。"

从《辞海》对骑楼起源的解释不难看出,南方炎热多雨的自然环境和气候特征是催生骑楼的最大因素,这种建筑最大的功能特征就是避雨和遮阳。

与《辞海》的注释不同,《广州市志》认为"骑楼"是外国券柱廊式建筑形式传入后与广东地区的特点长期融合演化而逐步发展成的一种具有岭南特征的建筑形式。显然这是从文化角度解释骑楼的起源,认为骑楼是中西文化碰撞与融合的结果。

图2
水巷口曾经是"城中有河，河在街中，河岸是房，船在街中行，如在画中游"的景象。它见证了海口开埠通商、贸通天下、商贾云集的历史

中国近代史是从广东揭开序幕的，近代中国开放大门也是从广州等沿海口岸城市开始。长期以来，广州一直是我国重要的对外通商口岸，特别是乾隆二十二年（1757），皇帝颁布一道谕旨："嗣后口岸定于广东，外来商船只许在广东收泊交易，不得再赴宁波。"据此，设立于康熙二十四年（1685）的东南沿海四大海关——广州的粤海关、厦门的闽海关、宁波的浙海关、上海的江海关——只保留广州的粤海关，其他三个全部关闭，这就是历史上著名的"一口通

商"。"一口通商"政策的实施，使广州成为当时中外交汇的唯一通商口岸。众所周知，1988年之前，海南隶属广东，琼海关也是粤海关下设的重要分点。

独特的行政关系、特殊的历史传承、优越的地理优势，使得海口同广州一样，宜于与海外交往，交通相连，风气相通，新事物易于输入，新思想易于传播。骑楼建筑在广州、海口等口岸城市落地生根与此不无关系。

骑楼在我国首先出现在广州、海口等东南沿海城市。关于骑楼的起源，至今尚有争论，主要说法有四种：

说法一：学界主流观点认为它是西方列强殖民扩张的产物，英国人曾在印度的贝尼亚普库尔（Beniapukur）建造了类似骑楼的建筑，当地人称之为"廊房"。英国在东南亚殖民势力范围扩大后，将这种建筑在东南亚广泛推广，后来华侨将其从东南亚带回国内，这种廊式建筑源头可追溯到古希腊。

1819年，为了找寻新的自由贸易港，英国不列颠东印度公司雇员斯坦福·莱佛士登陆新加坡并开始管辖该地区。莱佛士全名为托马斯·斯坦福·莱佛士爵士（Sir Thomas Stamford Bingley Raffles，FRS，1781—1826），是英国殖民时期重要的政治家。作为新加坡的开埠者，莱佛士在新加坡城的设计中就曾规定，所有建筑物前都必须有一道宽约5呎（英尺的旧称，1英尺约为0.3米）、有顶盖的人行道或走廊，向外籍人提供做生意的场所。从此，新加坡的一些建筑出现了由连续的廊柱构成的5呎宽的外廊结构。外廊位于店屋的前部或一边，典型的还必须包括可供行走的地板，高度至少一层，有挡避风雨炎阳的顶盖。这种连续廊柱形成的走廊，新加坡称之为"店铺的公共走廊"，或叫"五脚气""五脚基""五脚距"，因宽度是五个成人脚板的距离，故称"五脚距"。另一种说法是：五脚距的宽度为五英尺，而英尺在马来语中为"ka ki"，于是华侨中的闽南人就将它音译为"脚距"或"脚基"，加上"五"，土洋结合、中西合璧，便成了"五脚距"，广东潮州话却把它称为五脚砌（音 gi）。五脚距的实际宽度在1.5~2.5米左右。

新加坡、马来西亚和印尼是海南华侨较为喜欢也是移民较多的国家。特别是新加坡，许多移民新加坡的海南华侨将当地的生活方式、饮食文化及建筑文化等传回海南。调查显示，民国时期建造的海口骑楼街区是按照商业街区来建造的，这一点与莱佛士规划设计新加坡骑楼商业街区的目的是一样的。

自19世纪上半叶起，"外廊式建筑"在包括海南岛在内的闽粤地区侨乡十分盛行。民间华侨极力推崇和兴建"外廊式建筑"的背后原因，一是大量出洋的华侨们长期居住的东南亚等海外殖民地存在大量的外廊式建筑；二是南方侨乡大多炎热多雨，历史人文及自然气候特点与东南亚殖民地颇为相似，换而言之，湿热的自然环境和浓重的商业文化是闽粤为代表的东南沿海地区骑楼建筑形成的重要推动因素；三是侨乡业主与建造工匠基于民间的群体认同意识，相互模仿并传播"外廊式建筑"。

由于特殊而复杂的历史原因，"外廊式建筑"贯穿中国近代建筑史发展始终，对复杂多元的中国建筑在近代的转型起到促进作用，并衍生出"骑楼街屋"。

日本著名建筑史学家藤森照信对盛行于19世纪中后期我国沿海城市的外廊建筑进行了深入研究，他认为最早把外廊式建筑样式化的地方是广东（1988年海南建省前归属广东省）。藤森照信认为最早的外廊式建筑是英国殖民者在印度的贝尼亚普库尔建造的"廊房"，即当地方言中的eranda。

藤森照信认为外廊式建筑的形成，暑热气候是根本原因，但不可否认的是，其在传播过程中发生了诸多变化，外廊式建筑在印度落地生根后，经东南亚北上，被华侨于1842年后引进中国，最早出现于广州十三行街的十三夷馆，在极短的时间里演变为我们现在所见到的骑楼。

说法二：国内部分学者认为廊式建筑中国古已有之，比如早在宋代，由于商业十分发达，宋代城市规划和建设时就出现沿街设廊的檐廊式建筑，明代将这种建筑称为"廊房"，后随我国经济重心不断南移而传到南方，以适应南方多雨和炎热的气候。

说法三：骑楼实际上就是传统竹筒屋的变异体，只是外部引入了欧式风格的装饰。清末民初，广东地区一些城市的单开间民居面宽较窄，进深较长，平面布局如一节节竹子，故称为"竹筒屋"，又称"商铺屋"。竹筒屋的建筑群组合模式为横向排列，单体建筑则是纵向发展，其在城市平面布局上一般以组合体的形式出现，特征为块状。

图3
骑楼在形成、发展和演变的进程中,借鉴、吸纳和融合了多种建筑特征,竹筒屋经济实用的商用特征便是其中之一

单个竹筒屋的特点是面宽窄、进深大、私密性强,但存在采光不足和通风欠佳的问题,因此常利用开敞的厅堂和天井来解决这些问题,同时也保留了中国传统建筑内向性的基本特征。一些学者认为骑楼在建筑形式上继承并发展了竹筒屋经济实用的商用特征,将首层设计为商铺,充分利用临街建筑的商业价值和空间功能。二楼则骑人行道而建,有效利用空间。由此可见,骑楼在建造过程中借鉴了竹筒屋的经济、实用和科学的部分。

说法四:源于清末的"马路—铺廊—行栈"的街道设计,据说张之洞与此有关。清末名臣张之洞是个开明的官员,主张"中学为体,西学为用"。1884—1889年间,张之洞担任两广总督,他接受了建业堂等商户的建议,结合广州城市特点,以"弭水患、兴商务"为由,连续奏请光绪皇帝,在如今的天字码头一带兴筑120丈(1丈≈3.3米)的堤岸,在堤岸形成的马路内建廊铺、发展商业。张之洞在呈送给皇帝的奏折中写道:"修成之堤一律建筑马路以便行车,沿堤多种树木以荫行人,马路以内通修铺廊,以便商民交易,铺廊以内广修行栈,鳞列栉比。"这种"马路—铺廊—行栈"的街道模式,被认为是广州骑楼的雏形。

由上述说法我们可以得出以下信息：

第一，无论是西方论还是本土派，不可否认的一点是，近代骑楼是中西文化相融合、相吸纳、相借鉴的产物。它的形成既源于西方传统建筑文化及殖民者的法律法规，又吸纳了中国传统建筑形式。在近代建筑史中，以骑楼为代表的新式建筑，受国外影响看似很大，实则不然，它们更多时候是与本土文化结合而形成的一种折中，这个折中的过程就是吸纳和融合的过程。当然，毋庸置疑，骑楼建筑是带有"殖民主义"底色的。

第二，骑楼建筑的产生与炎热多雨的气候环境有关。18世纪后半期，正处于产业革命时期的英国为给工业革命提供资金和原料，侵占了印度等南亚国家，这些国家大多属于热带或亚热带地区，常年炎热多雨，对于长期生活在凉爽气候条件下的英国人来说很难适应。为了应对当地气候，改善居住环境，英国殖民者在建造住宅时，采用房屋前加走廊的方法，提高房屋的凉爽舒适度，达到避暑挡雨的目的。这种房屋被称为"外廊式建筑"，并很快得到认可和普及，成为印度、新加坡等南亚、东南亚国家建筑普遍采用的形式，而且从单边外廊扩展到双边、三边以至四边回廊。

第三，骑楼前部的设计灵感源于廊式建筑。其中既有中国传统"廊房"的影子，又借鉴了西方外廊式建筑的元素。从功能角度来看，骑楼前面的廊道具有遮风挡雨的作用，符合以人为本的理念。

骑楼的形成与演变是一个极为复杂的过程，这种建筑形式清末已开始在东南沿海出现，但正式以"骑楼"的名义出现却是在民国时期。

民国二年（1913），广州颁布《广东省城警察厅现行取缔建筑章程及施行细则》，其中部分条款规定如下：

> "凡堤岸及各马路建设屋铺，均应在自置私地内，留宽八尺建造有脚骑楼，以利交通；骑楼两旁不得用板壁、竹壁等类遮断及摆卖什物，阻碍行人。骑楼高度最低不得矮过一丈等。"

在这个细则中首次出现"有脚骑楼"的概念，同时还对有脚骑楼的结构设计、形体大小、尺寸长短等提出要求，其目的是"以利交

图4
从骑楼走廊看水巷口，骑楼走廊可为游客遮风挡雨，体现出人性化的商业服务意识

通"，加强交通流畅度，提升商业功能。

民国九年（1920），国民政府对《广东省城警察厅现行取缔建筑章程及实施细则》进行修订，与之前版本最大不同是开始有条件地设置骑楼：

"在一百尺马路建设房屋者，准建二十尺骑楼；在八十尺马路者，准建十五尺骑楼；对于八十尺以下的次要马路，不准建筑骑楼；

骑楼高度最低不得在十五尺以下。"

在这个修正细则中，"有脚骑楼"简化为"骑楼"，自此，包括海南在内的岭南地区的西式风格外廊样式建筑一般统称"骑楼"。这个修正细则还对骑楼的建设条件以及宽度、高度等提出控制要求，加强统一规划。

此后，随着骑楼建筑的广泛推广，为了统一建设标准、建筑细部处理，国民政府又颁布了《取拘建筑15尺宽度骑楼章程》，进一步规范了15尺宽度骑楼建筑的形式与做法。

当时的海南归属广东省，上述细则在海南同样具有法律约束力。水巷口、中山路等现存的骑楼表现出相对整齐划一、高低统一的特征，也验证了这一点。

随着中西文化交流的深入，民国初期广州大量出现骑楼建筑。它的建筑样式创造性地将外廊样式糅合到传统的"竹筒屋"，汲取当时世界各地先进的结构、材料，形成一种"折中"式的本地建筑——广州骑楼。广州骑楼最早出现于广州"十三行"的商业建筑，是近代骑楼建筑的雏形，其大体分为楼顶、楼身和楼底三部分。海南骑楼受南洋骑楼影响最大，它们最早由从南洋归来的海南华侨仿照南洋骑楼样式建造。既包含了西方建筑文化元素，融入西方装饰设计理念，又吸纳了南洋移民文化的特征。

总而言之，无论骑楼建筑原型起源于古希腊建筑还是脱胎于宋代"廊房"，骑楼建筑都具有跨文化的特征。诚如《广州市志》所说，"骑楼"是外国券柱廊式建筑形式传入后与广东地区的特点长期融合演化而逐步发展成的一种具有岭南特征的建筑形式。它是特定的历史年代和特殊的社会背景下的产物。

中西合璧

自大航海时代起,原先各种相对封闭的文化开始相互碰撞、相互交流、相互融合和相互选择,形成了多姿多彩、绚丽夺目的文化。作为中西文化交流与结合的产物,骑楼在广东、广西和海南等地的呈现形式也略有不同。受各地宗教信仰、民俗风情、地域文化、自然环境和生产生活方式等因素的影响,骑楼也形成了多元化和地域性的格局。如广州的上下九、北京路骑楼是粤派骑楼的代表,其风格有仿哥特式、南洋式、古罗马券廊式、仿巴洛克式;广西北海的珠海路骑楼老街则多为券拱结构,窗柱顶端都有雕饰线,线条流畅、工艺精美,这种骑楼风格主要受19世纪末英、法、德等国在此建造的领事馆等西方券柱式建筑的影响;海南骑楼更多是岭南文化和东南亚文化相结合的产物,立面构造、装饰手法和工艺材料等方面又融入了海南本土元素。

19世纪前,西方列强尚未全面侵占南洋,中华文化在南洋诸国仍具先进性,对这些国家而言具有一定优势和影响力。从传播的角度来看,文化一般是先进文化向落后文化传播,传播路径也是由文化层次高的地区或团队向文化层次低的地区和团队传播。简而言之,如果移民之地的文化先进,且居民文化程度高于移民,则移民一般会逐渐改变其社会组织、宗教信仰和传统生活方式,并不断接受新的文化。否则,移民仍多保持其固有文化,而改变较少。华侨在移民之地大多继承中国传统文化、坚守原有宗教信仰、沿续祖乡生活习惯,且在与当地文化习俗碰撞、交流和融合过程中担当主导者。

以建筑文化影响为例,清代末期,中国政局动荡、社会剧变、百姓受难,生活的困苦迫使海南、福建和广东等沿海城市的居民,漂洋过海,冒死南下,迁徙到东南亚一些国家另谋生路。中国人是较早进入南洋诸国的,他们到达迁徙地之后,开始按照自己的民族、风俗和地域特色建造房屋,由此中国一些传统建筑形式在南洋地区落地生根。其中商住建筑的影响较大,即城镇商铺与住宅相结合,在马来西亚等地这种建筑被称为"排屋"。其建筑组成主要有两种:一是前面做成店铺,后面设计为住宅;二是楼下做成店铺,楼上设计为住宅。整体建造都是按照中国的建筑标准与装饰风格。英国殖民势力进入马来西亚后，颁布了严格的建筑法令，要求在所有的商铺前面都延伸5英尺并带有覆盖的部分，因此形成遮盖式的人行道。中国商铺结合英国的法令最终形成了马来西亚风格的骑楼建筑。这种骑楼建筑在建筑形式上保留了中国传统建筑的特征，同时在装饰方面也具有典型的中国文化元素和风格韵味。

移民群体本身具有根深蒂固的族群文化，且大多与移民的新环境不同。但为了谋生存，无论如何移民，必定会与本地居民发生联系，所以两种异质文化不可避免有了接触或碰撞。文化一经接触或碰撞，便有了传播与融合的可能。文化具有传染作用和同化功能，卫史来（Wissler）说："文化特质，几同麻疹一样传染。"但是文化传染是有选择性的，而不是照抄照搬——适应其根植土壤，符合其生存环境，合乎其行为模式，满足其精神诉求，总之要有现实价值和精神意义才会被采用。

19世纪特别是鸦片战争以后，西方列强大举侵入南洋诸国，在武力侵略的同时，也带来所谓先进的文化、制度和技术。显然，西方的坚船利炮从某种角度代表其文化的先进，于是华侨文化之前的优越感荡然无存。华侨长期居住国外，对西方先进的事物耳濡目染，他们主动学习，主动向祖乡传播。

在中国近代史上，华侨扮演着重要的文化传播角色，西方新鲜事物的传入与华侨关系极大。同时他们也将中国文化传播到海外。作为骑楼的主要缔造者，华侨主要集中在福建、广东和海南这三个地区，他们宗族观念浓厚，坚守传统文化和精神信仰，即便长期居住海外，仍然保持中国人的传统文化、精神价值和原有信仰，甚至将其就地移植，落地生根。华侨所到之处，一旦根基稳定，便建立起以地缘、籍贯为中心的各式商会和会馆。

商业发展和华侨崛起

海南岛自古以来虽然是海上丝绸之路的重要中转站，但岛上绝大多数地方都很贫穷，粮食和日常生活用品长期依赖大陆输入。遇到兵荒马乱或天灾人祸，岛内便出现饥荒的现象。一些黎族地区直至中华人民共和国成立之前仍然处于刀耕火种的原始社会。

海南岛得到快速发展是近代的事情。中国清代实施一口通商政策（指1757年至1842年签订《南京条约》之前，清朝规定西洋商人只可以在广州通商的政策）后，琼海关利用当时中国唯一的幸存海关——粤海关的重要分关优势，贸易快速发展。

第二次鸦片战争后，清政府被迫将琼州增设为全国十大对外开放通商口岸之一。海口作为海南岛经济重镇，又占据海陆交通枢纽要地，临海面港，自然成为开埠通商的首选之地。

20世纪30年代后，海口商业发展迅猛，已形成较为完善的行业体系，据有关资料统计，当时的海口各行业约有35个，店铺林立，如杂货店40家、面粉店39家、牛栏12家、汇兑找换店24家、米谷店65家、木料行13家、纸料店12家、五金店25家、九八行24家、烟丝店14家、旅店24家、生猪栏34家、茶楼酒店12家、戏院4家、照相馆12家、油漆箱店10家等。当时海口的人口仅为5万人左右，而各行各业门面全市共计572家，商业的发展为骑楼的兴盛提供了先天机遇。

以全球视野来看，骑楼建筑的形成也与商业发展密不可分。如前文提到的，莱佛士规划设计新加坡骑楼商业街区，使得骑楼建筑得到了广泛发展。与海口近代商业繁荣相伴而生的骑楼，结合了中国传统店铺商住合一的模式，同时融合了中外建筑特点，与海口气候环境和海口人的生活方式一拍即合。骑楼街区是海口的重要文化符号，见证了海南文化的近现代转型。

骑楼成为海口近代主要商业街区的建筑形式，闯荡海外、归国返乡投资的华侨是重要的推动力量。作为参与海口开埠通商的主要力量，华侨是中国最早开始全球化和国际交往的群体，他们视野开阔，思想开放，见识宽广，精通商业，创新务实。他们雄厚的财力，急需在社会地位和身份象征上得到表达，令人耳目一新的骑楼建筑无疑是最佳选择。他们在水巷口等历史街道上规划建造崭新的商业街区时，大胆摒弃传统建筑模式，将南洋所见的骑楼建筑引入。从建筑功能看，骑楼最大的特征是强调商业功能，突出实用主义，极大程度上迎合了商业发展的需求。久居东南亚的华侨第一次将个性张扬、色彩绚丽、造型独特的建筑引入国内，在当时是石破天惊、前所未有之举，

图5
充满异国情调、饱经历史沧桑的骑楼建筑不仅注重商业功能，而且具有强烈的人本精神。相互连接的过道走廊，即使在雨天，行人与游客也不必担心会被淋到

给当时的人们造成视觉和心理上的冲击,对海口这座城市的人文特色、市民生活和风俗民情等都有深刻的影响。其带来的南洋文化和欧风西俗至今遗韵犹存。

骑楼的产生与流行与近代中国华侨这个特殊商人阶层的崛起关系密切。华侨作为一个特殊群体,对海南岛早期的开发利用、城市建设和社会变革作出了突出贡献。为此,他们不仅希望获得政治上的话语权,而且要通过财富实力,显示其存在感,以此来提升自身社会地位。

从历史上看,中国是一个典型的农业国家,历代统治者依靠武力建立起中央集权帝国,并以儒家价值为导向,选拔人才,组成治理国

图6
负责水巷口骑楼老街整治工程设计的常青院士在《存旧续新：以创意助推历史环境复兴——海口南洋风骑楼老街区整饬与再生设计思考》一文中提到：水巷口在修缮中仔细研判了底层和面层的材料构成，基本保持了灰色的外观性状，重点修饰了不同时期形成的灰塑面层和线脚，尽量使之保持一些岁月留下的"古锈"感

家的官僚管理机构。这种机构最大的成员群体文官集团，素来主张对商业采用压制的政策，对商人也是轻视的态度。中国统治阶层自古以来同样主张重农抑商，商人群体社会地位历来较低，在中国特有的文化语境中，所谓"无商不奸"，商人的口碑亦不佳，更何况是自弃天朝的海外商人，历朝历代被视为弃民或贱民，且这种情况在明清两代最为明显。华侨在王朝时代是商人群体当中最没有社会地位和不受认可的，被学者称为"没有帝国的商人"。

作为没有帝国的商人，华侨们一度不被母国统治者接受，甚至被遗弃，但他们在中国近代却全面崛起，用财力支持中国近代国家建设

和社会革命。他们急需得到社会认可,获得相应的政治地位和社会地位,以改变以往弃民和贱民的底层地位。让人耳目一新的骑楼建筑无疑为华侨们提供了绝佳的利益诉求机会和表达方式。

著名社会学家陈达认为,华侨以房屋夸耀于乡里是一种民风的体现,归国华侨对这种民风的发扬不遗余力。他在《南洋华侨与闽粤社会》一书里写道:"因为房屋是'人人看得见的',所以亲友与邻居都可以发生羡慕之心,房主可以借此表示在南洋发财的虚荣。因为房屋是'拿不动的',所以在治安有问题的区域,他种投资有较大的危险性,而房产是比较安稳的。以房屋夸耀于乡里,却是民风的一部分;归国的华侨也是在身体力行发扬这一民风。"[1]

骑楼建筑被社会认可并广泛推广,对华侨国民身份的认同和家国情怀的构建起到极大的作用。这意味着华侨的社会地位得到全面提升,他们从最初的社会底层跃升到社会上层,受人尊敬。这种社会地位的提升也让他们在政治上受到极大的重视。

民国成立后出台的《中华民国国会组织法》首先确定国会由参议院和众议院组成,其次规定参议院由以下几方面议员组成:①各省省议会每省选 10 名;②蒙古选举会选 27 名;③西藏选举会选 10 名;④青海选举会选 3 名;⑤中央学会选 8 名;⑥华侨选举会选 6 名——总计议员 274 名。

从该法不难看出,华侨是唯一以社会某个阶层的名义规定法定席位的,可见当时其社会力量与作用之大。在国家和政治层面得到认可和肯定后,华侨在民间和市井社会同样渴望得到尊重。财富炫耀显然是最直接,也是最有效的方式,而绚丽多彩、设计华美的骑楼无疑是华侨这种心理需求和精神诉求的最好选择和最佳诠释。

骑楼是大变迁、大变革的近代社会背景下,海南等地华侨主动学习世界、学习西方,并融入传统文化元素,对安身立命的居所和商业活动场所进行卓有成效的改革的产物。骑楼建筑的出现为中国人的建筑审美注入新的元素和色彩,其背后的推动力量是世界文化交流、商业贸易往来。它是海外侨商荣归故里的最好注解,更是特殊时期的民众智慧结晶。

---

[1] 陈达. 南洋华侨与闽粤社会 [M]. 北京:商务印书馆,2011:123–124.

19世纪的世界剧变给中国社会造成巨大动荡，同时带来前所未有的冲击。这种冲击是全方位的、颠覆性的。在当时的环境下，华侨的财富、见识和能力让他们成为中国社会中一股不可小视的力量。他们是最早了解西方先进文化、制度和科技的中国人，也是推动中国社会改革、民族自强独立和政党革命的重要力量。民族资本主义在清末得到充分发展，促使民族资产阶级作为新生的政治力量和社会阶层登上历史舞台，作为特殊的资产阶层，华侨当时的身份角色极为复杂，他们既有革命热情、维新意识，又热衷实业救国，视野开阔、思想开放、见识广博，由此，他们十分青睐和极力推广代表新兴建筑风格的骑楼也就不足为怪了。

今天骑楼已经成为海口这座城市的标志性历史建筑，也是一道亮丽风景和一张特色名片。它同时也是东南亚很多地方的重要的、具有时代印记的文化标志建筑，为世界建筑注入了新样式、新风格和新内涵，极大丰富了世界建筑文化。

骑楼风貌

从文化创新角度来看，骑楼的出现极大丰富了中国近代建筑文化，让人们见识到不一样的建筑风格。建筑文化是社会文化的重要组成部分，人类文化学家认为人类的文化习俗模式对建筑模式的影响十分深刻。在不同的社会文化背景中，建筑模式通过建筑风格反映出来，并具有意义指向和表意系统。因此，人们根据一个城市的建筑环境及特征等，就能知道这座城市居民的文化追求与偏好。同时，建筑作为城市生态的重要组成部分，是地域文化的产物，建筑形式的形成与发展都受到其所在环境的影响。当地的经济发展、社会状况、文化特征和气候条件等都是重要的影响因素。

骑楼场所精神

好的建筑不应只是物理空间的存在，而应当有所意指，是人性的空间化和功能化，其构建与设计充分体现出人本精神。与千篇一律的现代城市建筑不一样，骑楼给人的第一印象极具视觉冲击和心理震撼，人们看到它的第一时间大多会联想到民国、南洋、华侨等关键词，这是骑楼作为一种独特建筑所具有的场所精神的体现。

"场所精神"是源于古罗马建筑学的概念，古罗马人相信万物都有灵魂，灵魂能够赋予人和场所以生命，只有守护灵魂才能使人拥有安全感。20世纪挪威著名建筑学者诺伯舒兹正式提出"场所精神"的概念，并被设计界认可。诺伯舒兹说："场所是一种人化的空间，它的物质和精神特性被认同后，就折射出场所精神。"场所精神具有物质和精神两个方面的属性，也就是场所特征和意义。场所特征根据场所的地域文化和空间结构表现出来，而场所意义则是指场所带给人的价值和感受，即不同的场所有不同的特质。

就像我们离开原有的生长环境，到各个陌生地方，回忆中印象最深刻的总是当地的特色文化、风土人情和自然风貌，这就是每个地区所具有的差异化特质。特质包括地域文化、历史文化及该场所具体的物所传递给人的意义。骑楼相对传统民居而言，刷新了海口的城市面貌，建立起海口的新气象新格局，为这座城市注入新的文化元素和生活表情。它是一种崭新的、风格迥异的建筑，给人们带来新的视觉景观，并使人第一时间联想到与之相关的历史年代和特殊群体。

从骑楼建筑可以感受到，当年华侨远渡重洋，富于冒险，敢于拼搏，视野开阔，见多识广，思想开明，对新事物表现出极强的开放态度和学习意识，这与民国《海南岛志》的记载相符："海南人民性格大率朴野勤直，然因地理位置影响所及，往往因而不同。如琼山、文昌、澄迈、琼东、定安、乐会、万宁、陵水等县，以地偏岛之东北，接近大陆交通，风气开通较早，其民富冒险，务进取，南洋各岛多其足迹。"

19世纪上半叶起，包括海南岛在内的闽粤地区侨乡"外廊式建筑"十分盛行，如雨后春笋。民间华侨将"外廊式建筑"与传统建筑形式相融合，充分发挥想象力和浪漫主义精神，演绎出风格奇异的骑楼建筑。甚至为了达到炫耀财富的目的，他们常在墙体外面添加华丽多彩的装饰，包括各种彩瓷、泥塑、石雕等。骑楼的立面设计及装饰打破了中国传统建筑内敛、对称、规矩及天人合一的精神特征，大胆运用曲线、券拱、柱子的装饰手法，具有运动、夸张、挑战的文化特质，但在细节处理上又无处不融入中国文化元素，具有洋为中用、兼容并包的文化艺术特色。

水巷口街道是近代在军阀邓本殷统治海南期间，在原有自发形成的沿水道两侧布置的店铺和住宅基础上，填河造街，同时拓宽街道而形成。当时的人们经历了怎样的建设，是否有政府部门的行政干预，是否对街道风貌做出过一定的要求，这些信息已不可考。一百多年来，城市的建设经历了哪些历史阶段？街道的面貌是否发生了变化？从有限的影像资料中可以看到，骑楼街道基本保持了稳定的格

图7（上）
1939年日军入侵海南岛时的海口骑楼老街

图8（下）
日军入侵海南岛，随军记者拍摄的骑楼老街

图9（右）
日军入侵海口时的水巷口

局，局部建筑有所增高。

　　1939年2月10日凌晨，日本侵略者在海口西北角的天尾港至荣山寮一带海岸强行登陆，顺势进占海口府城，剑指全岛，涂炭生灵。日本侵略者占领海南岛长达六年多，留下惨无人道的掠夺和屠杀的历史，也留下了一段屈辱、伤痛、难以磨灭的记忆。当时日本人占领海南岛时拍下很多骑楼的照片，这是他们侵略海南岛的直接罪证。从中我们也可以看到百年以前骑楼的面貌。

　　清末至民国是海南岛一个极为重要的历史时期，因为地理位置的重要性，琼州被辟为通商口岸。海南岛开始正式进入外国人的视野，引起他们的关注。许多西方学者、传教士及日本人相继来到海南岛，对海南岛进行过认真考察，其中的代表当属香便文、史图博、萨维纳、冶基善及日本人小叶田淳、火野苇平等。这些人都留下了不少文字和图片资料，为我们今天研究和观察清末至民国时期的海南岛提供了一个个视角，他们的著述极具参考和史料价值，当然这其中亦包含对海南岛进行情报和信息收集的意图。在他们的著述中，海南独特的环境、丰富的资源以及不一样的风俗民情等都显得非常有吸引力。其中就包括骑楼。

　　历史建筑是承载一个城市文化遗存的重要空间，真实展现了城市人居环境千百年来营造的传统智慧，是民众生活经历的真实载体，保护历史建筑就是传承一个城市的集体记忆。骑楼历史建筑承载着海南人敢为人先的海洋冒险精神，敢闯、敢拼、敢试的改革创新精神，作为中西文化碰撞和融合的典范，彰显了华侨群体在近代历史上的智慧、技术和审美观念，体现了开放、包容、多元的海纳百川的地方人文性格，是海南岛的重要历史遗产。这正是海南建设世界最高水平开放形态的自由贸易港所依赖的文化基因，是形成良好营商环境和氛围的基础。

骑楼街区风貌

1894年，海口最早的骑楼在四牌楼街落成，大致位置就是今天的水巷口附近。海口骑楼建筑大规模建造则是在20世纪20年代。资料显示，1924—1936年是海口骑楼建设速度最快、规模最大、数量最多的历史时期。1924年，海口所城拓路扩城，在水巷口、中山路、博爱路、新华路和得胜沙路等街道，骑楼建筑大量涌现。这些骑楼建筑大多是商住合一、前廊后铺、铺铺相连，建造风格既有哥特式，又有巴洛克式和洛可可式。民国时期，由陈铭枢总纂、曾骞主编的《海南岛志》中记载："自民国以来，风气所趋，各县城次第拆毁，改筑马路，屋宇竞尚西式。如文昌、琼山、定安、琼东等县城及海口、嘉积市等，咸焕然改观，已非昔日之比。"

从建筑学角度来看，建筑样式与当地的自然环境关系极为密切。海南岛常年炎热多雨，与南洋诸国气候颇为相似，商住结合的骑楼建筑一方面很好地满足了人的居住需求，另一方面也有利于人在其中进行各种活动。这是骑楼建筑在华侨引进下，得到迅速兴建，并被广泛认可和大力推广的关键所在。调查发现，不光是海口近代商业街区兴建了大量的骑楼建筑，文昌、琼海等华侨较多的市县的老商业街区至今也仍然保留着大量的骑楼建筑，只是规模与保存程度不如海口。

海口炎热多雨，从海面上飘来一片云，就下一场雨，雨来得快去得也快。雨后太阳出来，又是热辣辣的。骑楼下的柱廊为人们提供了挡雨防晒的空间，很好地应对了热带气候条件。

上百年的骑楼经历了海风的侵蚀，雨水的冲刷，人事的变迁，

图 10
20世纪70年代的海口，以海甸溪为界，上边临河而建的是骑楼历史文化街区

图 11
日据时期的骑楼

历尽沧桑，洗尽铅华，以富有历史气息的面貌迎来各方游客。从博爱北路走到水巷口骑楼老街，不时有游人驻足，掏出手机记录这令人难忘的城市景观。

这些骑楼建筑大多为二到三层。底层柱廊通常宽3~5米，供行人行走，商家也可在此布置橱窗展示商品，商店底层的外墙上不时有百叶窗出现，旧时没有空调，百叶窗可供底层室内通风散热，现在更多的作用则是装饰；二三层多在立面上开窗，少量二层有架空的阳台。柱廊有柱础，以比较耐久的石材贴面，禁得住日晒雨淋。柱础上

部起装饰线脚,其上的柱身有的也做简洁的纹样装饰,有的柱身上着楹联或装饰有石材砌筑纹理。柱身上部或以线脚装饰成简洁的柱头样式,与楣额线脚同一高度;或柱身与楣额之间连接以仿木构建筑的雀替装饰进行视觉过渡。前者看起来更像西式壁柱,后者是仿中式木构建筑的做法,二者都以线脚进行装饰,并置在一起毫无违和之感,中西合璧在老街上体现得淋漓尽致。柱子有宽有窄,往往布置在自家店面两侧,也有的根据店面宽度均分为两跨、三跨等。柱上门楣都在相当高度,加上二层窗户、檐口和三层女儿墙都在大体一致的高度,使整个街道风貌统一。

临街外墙的二层窗下墙位置比较醒目,同时高度适中,常有店名题于其上。"南興""祥典莊""益豐號"这些昔日的店名暗示着老街上经营的行当,寓意着店主的美好希冀,也向我们诉说着昔日的繁华。店名题额周围常有吉祥图案、构件或几何纹样作装饰。装饰题材往往有着美好的寓意。

二三层的窗户两侧常装饰以西式壁柱,以简洁的线脚装饰柱头、柱础,柱头上多有发券,连续的半圆形、弧形拱券或火焰券交替出现,美轮美奂。拱券下是有装饰纹样的墙体或彩色玻璃窗。为应对海南强烈的日晒,玻璃窗扇外多有百叶窗扇,用以遮阳。没有两个相邻的立面是一模一样的,大家各展姿态,争奇斗艳而又和谐地统一于同一高度。

顶层窗户上面的女儿墙形式也丰富多样。有的装饰着栏杆、壁柱,有仿巴洛克式断裂的山花、涡旋、弧线元素,有水平向作曲线形墙体,有饰以镂空几何图案的挡板,形成高低错落、变化有致的天际线。

每一个立面都有或简洁或繁复的装饰,凝聚了主人和工匠的巧思,寄托着吉祥美好的祝愿:西方的建筑立面元素一般表现为方形或圆形壁柱、窗楣的拱券和顶部的弧线元素等;中国建筑文化则更多呈现在立面的浮雕、细部的纹样和窗体的雕镂等上。中西合璧,反映出骑楼建筑文化的包容性。

骑楼装饰的题材大多取自生活,构图直观,化繁为简,直达主题,语义追求简明直观,通俗易懂,也暗合中国商人对财富的追求,素来讲究其来源的正当性和手段的道德性。最常看到的题材是中国人特别喜欢的梅、兰、竹、菊,象征君子精神。铜钱、牡丹、寿桃、蝠

图12
这幢骑楼建筑在水巷口有一种鹤立鸡群的感觉,与其他骑楼相比,它的立面装饰少了点巴洛克式的夸张与券拱,多一点威严与庄重,墙上的标语让人瞬间回忆起那个特殊的年代。现在这幢骑楼已成为海口骑楼老街建筑展示馆,根据水巷口一些老居民的回忆,这几处相连的骑楼原是海口市粮食局和粮油公司

蝠等象征着富贵、福气、长寿的元素也是随处可见。此外还有中国结、万字文，葫芦寓意福、禄、寿、禧等，喜鹊寓意喜上眉梢，凤喜牡丹寓意安宁吉祥、富贵兴旺，鹿和蝙蝠寓意"福禄双全"，蝙蝠咬着钱币寓意"福在眼前"，锦鸡驻足牡丹花丛或漫步牡丹花下，寓意锦上添花、前程似锦，还有寓意长寿、吉祥和高雅的仙鹤，寓意年年有余、岁岁平安的鱼，如意插于花瓶中，寓意平安如意，瑞兽麒麟寓意平安吉祥、聚财富贵，桃和蝙蝠寓意"福寿双全"，祥云纹寓意美好吉祥……这些吉祥图案构建出一个平安、祥和的精神世界，是希望，是祝福。

图13
墙面上部开有圆形、长圆形等形状的风洞，在海口典型的热带季风气候条件下，可大大降低风压对巴洛克山墙造成的破坏

1　立面山墙
2　立柱装饰
3　山花纹饰
4　风洞
5　店铺商号

设计理念与建筑材料

　　骑楼首层与街道距离大多是3~5米，进深处空余出来，留作人行道，不纳入房屋的私人空间，大门以内才是商铺，可谓私地共用。

图14
风格迥异、装饰绚丽的骑楼极具视觉震撼力

骑楼风貌

实景照片	示意图	名称
		开拓进取
		五福临门
		松鹤延年
		吉祥如意

表 2.1
浮雕样式

　　将私有空间公共化，这是骑楼建筑的一大特色。其背后的原因是商业的繁荣带来的观念变化。近代以后，随着西方新思想、新理念和新事物的不断涌入，中国社会对商人的价值评判和地位认可度大大提升，同时对商业精神也有了全新的认识。尤其是民族资本主义得到充分发展后，经济较为发达的东南沿海地区，重商主义盛行。架空的底层柱廊空间为商业经营提供了便利。

　　骑楼建造设计具有博采众家的特点，是根据自然环境和商业需求

图 15
夕阳下的骑楼

而形成的建筑。骑楼内部构造源于竹筒屋。中国传统建筑在居住功能上大多满足血缘聚居需求，骑楼也是一样，如果是大家庭则分层而居，整个骑楼街区也形成固定的地缘关系。骑楼大多是商住两种功能合二为一，因此，人们不仅在里面居住，而且也在一楼商铺工作。早期的骑楼居民多半经商或从事杂货、小手工业生产经营，白天从事经营活动，晚上在铺上或铺后生活。商铺功能在骑楼建筑中是主要功能，很多老街骑楼商铺里还供奉关公或其他财神的神位，反映出骑楼以经商为重点的特点。

从骑楼建筑的竖向开窗和层高可以判断，骑楼建筑大多为砖混结构。周边残破建筑显示，最早的骑楼以砖柱和木梁承重，外墙则主要是砖墙；在立面的砖墙外进行抹灰，并饰以图案。海南地处热带，木材资源丰富，早年间华侨建造骑楼所用皆是好木材。水巷口等骑楼老宅的家具原料，早年间很多采用海南最负盛名的木材——黄花梨。

图 16
骑楼女儿墙上的雕饰历经百年依然清晰可见,足见其当年工艺之精湛

灰塑

灰塑,民间俗称"灰批",亦叫"堆灰",是一种派生于砖雕和泥塑的室外传统建筑装饰工艺,其兼容了建筑学、美学和民俗学,有减地平钑法、圆塑镂空法、剔地起浮法、压地浮塑法、镂通高浮法等技法,主要盛行于闽粤一带,被喻为古建筑传统工艺的奇葩。这种工艺主要用于正脊、看脊、脊背、门楣、窗楣、照壁和山墙等建筑外饰,

极少用于室内。

根据相关史料记载,唐代已产生灰塑,明清两代最为盛行,开始主要运用于寺庙、祠堂,后逐渐流行于豪门大宅,甚至是普通民宅。根据雕塑造型、工艺特点和表现形式的不同,灰塑主要分为5种形式:

半浮雕,主要制法是先在建筑物相应的位置上用草根灰进行第一次批底再进行创作,主要用于远景构图搭配。

浅浮雕,主要制法是先用草根灰批底,成型之后用纸筋灰抹平,其多用于线条、博古花、浮花或简单的花边。

高浮雕,主要制法和半浮雕的制作方法基本相同,大多适用于山、水、花、鸟、走兽和人物,等等。

圆塑,主要制法是先在建筑物上打上固定钉,扎成骨架,之后在骨架上批草根灰塑型,塑型的方法和半浮雕的方法相同,待成型后,再用纸筋灰抹平,其主要应用在圆柱或圆形排水管上。

通塑,又称透塑,其制作方法和半浮雕的制作方法基本相同,但要注意正反两面的一致性、对称性,主要用于窗口或拦河作装饰,可在前后两面观赏。

灰塑是南宋时期随着闽南一带迁徙的移民传入海南岛的,迄今已有千年历史。其最早应用在庙宇宗祠等建筑上,后开始应用于海口、文昌、琼海等地区的民居,清末民初最为兴盛。民国初期,海南近代建筑兼容了欧洲文艺复兴建筑的巴洛克式等风格的装饰工艺元素,出现了以海口骑楼街区为代表的南洋式建筑的山墙灰塑装饰,灰塑工艺水平随着历史发展和建筑风格变化而得到进一步提高,形成了今天独特的海口骑楼灰塑技艺。当时很多琼籍华侨专门从广东请工匠来海南建造房屋，其中不乏灰塑画师。

灰塑形象的取材广泛，多与人们喜闻乐见的传统文化、生活祈盼、历史故事等有关。水巷口的骑楼灰塑装饰图案主要是动物和植物，如蝙蝠、仙鹿、喜鹊、松鹤和梅兰竹菊等，有些灰塑画师也将回字纹、万字纹、方胜纹等纹样刻画在骑楼的外立面、罗马柱或拱券上，实现中西建筑文化的巧妙融合，屋脊则多为卷草尾、祥云等。

灰塑形象的取材主要有以下特征：

寓意性，如代表幸福的蝙蝠、代表喜庆的喜鹊、代表平安的花瓶等民间吉祥物。

通俗性，如吉祥文字、传统纹样、祥禽瑞兽、梅兰竹菊等。

教义性，这类题材具有较强的教化功能，突出人伦道德、礼制宣传，一般运用在祠堂和庙宇中。

图 17
这幢骑楼的山花设计整体上采用欧式柱子构件，但细节的装饰无不体现出中国文化元素

图 18
雕刻着"天书"的饰面

图 19
"牡丹"代表着富贵兴旺，是骑楼饰面常见的题材

骑楼风貌

在对包括水巷口在内的骑楼历史文化街区进行保护性修缮的过程中，秉着"修旧如旧"的原则，修缮尽量采用原有的传统工艺制作相关材料，如主要用于砌筑和粉刷的草筋灰，用于防止墙体抹灰层产生裂缝、增加灰浆连接强度和稠度的纸筋灰，以及用在岭南灰塑作品较外层的色灰等。

灰塑制作流程主要有制浆、构图、批底、塑型、上色等环节，每个环节都是一项复杂的工艺。特别是制浆，工匠需要将草筋灰、纸筋灰和贝壳灰，掺加糯米粉、红糖配制成灰浆，这种灰浆具有很好的可塑性和柔韧性。

草筋灰制作：

第一步是把干稻草截至4~5厘米长，放在水里浸湿；第二步是将其放入大容器（大缸、大桶等）内，在上面铺上一层石灰膏，将下层稻草全部覆盖，一层稻草一层石灰膏往上添加，直至达到每次雕塑所需用量，然后沿着容器的内壁慢慢灌入清水，水量超过稻草和石灰膏叠层二三十厘米左右；第三步是进行密封、浸泡和发酵一个月以后开封，将上层淡黄而清澈的石灰水轻轻滤出（留作以后调颜色用），然后按200公斤的草筋灰加半公斤红糖的比例进行搅拌（搅拌时间越长越好），搅拌好后封存备用，避免被风干，草筋灰才算完成。整个过程当中，稻草用量、注水量和石灰膏的量都要严格把控。

纸筋灰制作：

把玉扣纸（一种类似于冥币质地的纸）浸透，搅碎成为纸筋。用清水浸泡生石灰，再用细筛过滤，除去沙石杂质，使其成为石灰油。按100公斤石灰加入2公斤红糖、2公斤糯米粉的比例配料，搅拌，使之细腻柔滑。将石灰油与纸筋混合，密封20天左右，需要使用时取出糅合。糅合时间越长，混合物的黏性就越好。

色灰制作：

向已经制作好的纸筋灰里加入所需的各种矿物质颜料，糅合之后便成为色灰，分色系、深浅度进行装瓶保存备用。

灰塑是一种非常神奇的工艺，它之所以被骑楼建造者吸纳，主要是因为这种工艺能经受住几百年的风吹雨打和烈日酷暑。它不仅具有艺术欣赏价值，不惧风雨，甚至还能防虫防火，能够消除岭南传统建筑中的一些弊端。临海面港的地理位置和炎热多雨的气候环境，很大

图20（上）
灰浆制作

图21（左下）
工匠捶打灰塑所用的灰浆

图22（右下）
灰塑大师正在做"仙桃"主题的灰塑造型

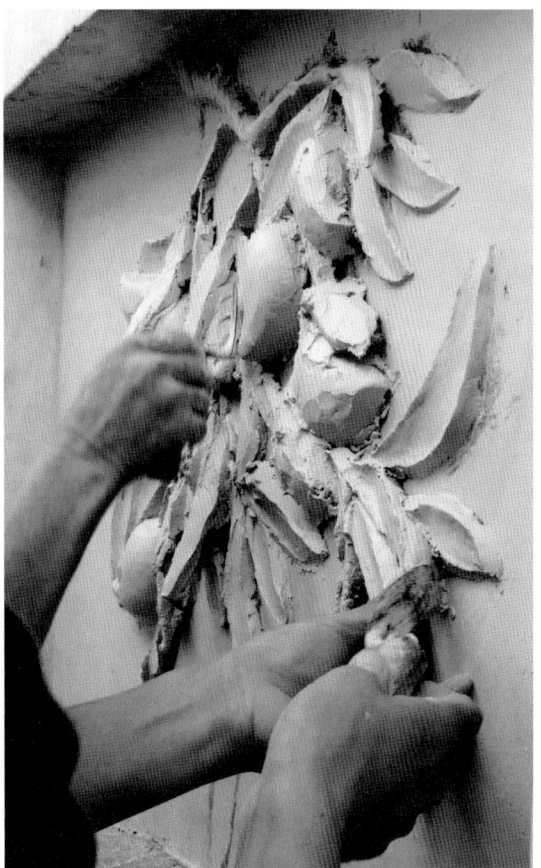

程度上决定了海口的生产、生活和居住方式,形成了区别于其他地区的建筑文化和建筑形式,灰塑也作为其中最有特色的建筑特征被保留了下来。

图 23
工匠根据构图进行灰塑批底

图 24
工匠在水巷口老房子进行灰塑创作

百年商号

九八行"旭记"和"安记"

水巷口紧临海甸溪,这里曾经水道纵横交错,小船可以自由穿梭于依水而建的铺面,是水陆交通的枢纽,岛内土特产在此集散和交易,因而九八行十分发达。九八行本质是一种代理行业:各县商贩收购土特产运来海口,委托九八行代销,九八行从中得利;通常来说,100元的货物交给九八行代销后,货主得98元,代销商号分利2元,九八行因此商品利益分配方式而得名。海口这种代理行业的兴盛和繁荣时间主要是在抗日战争取得胜利之后,当时各县运往海口的土特产日益增多,来自下面县城的商贩或农户为了在海口更好地将土特产销售出去,便联合起来统一销售,因此催生了代理行,当时俗称"行家"。根据其代理的主要土特产,分为"槟榔行家""赤糖行家""生猪行家"等。当时各县运往海口的土特产由各"行家"销往广州、上海、天津及香港等地。

"万兴和""南华行""祖安号""南生庄""合丰行"等商铺都是当时有名的"行家"。开设在水巷口的"旭记"和祖居水巷口的梁建绩创办的"安记",是清末民初九八行的著名商号。

"旭记"具体创办时间不详,创办人云旭如是原琼山县(现为海口市琼山区)府城镇甘蔗园人。年轻时的云旭如是个小商贩,擅长经商,从小本生意起家,后到南洋、香港等地闯荡发展,创业成功之后重返故乡,在海口水巷口等骑楼街区投资置业,成为中华人民共和国成立前海府地区著名的华侨。今天老字号"旭记"在水巷口仍然可见。

可惜云旭如中年早逝,所幸其后人云昌漠亦善经商,不但将云家

图25
旭记如今已成为鼎鼎大名的吴日彪炸排骨店,每天都有许多食客慕名而来

图26
"梁安记"创办人梁建绩祖宅，水巷口经营土特产的"梁安记"是知名的老字号

所经营的槟榔、赤糖、瓜子等土特产出口生意干得有声有色，而且还充分利用家族的海外商业资源，从事进口"洋纱"的买卖，将云家的产业做大做强。云家在水巷口除了开设"旭记"以外，还开设了专营汇兑的"尚亦庄"和专营代理业的"同懋号"，在博爱北路还开设了专营布匹的"嘉华号"。云家这几个商号分跨不同行业，且资金雄厚，盈利丰盛。

"安记"的创始人梁建绩祖居水巷口。他早年丧父，由叔叔抚养长大。梁建绩的叔叔是个小商贩，主要从事咸鱼销售、货币兑换等，因其膝下无子，过世后给梁建绩留下一笔数目不多的遗产。聪明能干的梁建绩凭借着这笔小资金开创自己的事业，中年时期便成为海口有名的富商。他的创业之路是从"水客"开始，起初他主要将水产品运往香港销售，再从香港买回日用品到海口销售。梁建绩极具商业头脑，在香港与海口两地依靠充当"水客"积累一定资金后，便在中山

图 27
"安记"由祖居水巷口的
大富商梁建绩所创

图28
"六庙香丁营管坊"位于
水巷口与博爱路交接处

路开设了海口著名的九八行——"安记",老海口都习惯称"梁安记"。今天,人们在水巷口仍然能看到梁建绩发达之后所建的豪宅——梁宅。这是一座三进式的宅院,面宽三间,主体结构和墙体纹饰为中式,三间宽敞的门房雕花精美,飞檐斗拱,无不体现出当年宅主人的身份地位和雄厚财力。

四大骑楼客栈

今年46岁的邓智勇大哥是骑楼老街的居民,对水巷口极为熟悉,为人热情,十分善谈,在水巷口经营一家粮米店已经几十年了。笔者与邓大哥的相识缘于在水巷口寻找海口市粮油公司,当时看到邓大哥正与好友坐在骑楼走廊喝茶,悠然自在,便主动上前自我介绍,说明来意。邓大哥一听是了解水巷口历史的,立马邀请我坐下喝茶详聊,这是海南人的热情。邓大哥经营的粮米店是标准的骑楼建筑,其建筑空间布局、选材以及纹饰雕刻等方面都体现出经世致用的价值取向。上面为住宅,是他们一家生活起居的地方,属于私人空间,下面为铺面,面积约为60平方米,是一个独立的空间结构,具有很好的商业功能,主要经营粮米,主顾一般都是老街的街坊邻里。

邓大哥说,他现在经营的铺面对面的三层骑楼及其周边几幢以前就是海口市粮油公司,由华侨所建,"文革"期间被没收。这幢骑楼面宽三间,共有三层,在水巷口现存的骑楼中属于保护较好的,结构完整、布局合理、造型庄严、外表大气、设计讲究,可见其当年的建造者财力之雄厚。几经访问和资料查阅,这里早期原为"荣安客栈",创办人为中国橡胶垦殖之父何麟书。

"荣安客栈"具体创办时间不详,据说是何麟书早年投资橡胶种植业时,由于耗资巨大、周期较长、利润微薄,合伙人后来均退出,但何麟书一心想改变中国橡胶种植业一片空白的局面,报国心切,矢志不渝,意志坚定,坚持橡胶种植,他的橡胶种植重要投资经费来源之一就是荣安客栈的收益。极为可惜的是,何麟书后因精力有限,一心钻研橡胶种植的他将荣安客栈交给一名叫何和卿的远房亲戚打理。不承想引狼入室,何和卿在自己老婆的教唆下,将荣安客栈账面上的

图29
老字号"泰昌隆"

百年商号

图30
老字号"南富"

资金卷走，最终导致荣安客栈在何麟书去世前三年，也就是1930年倒闭。荣安客栈的倒闭也让何麟书拓展橡胶种植的梦想破灭，使得他在人生最后几年郁郁寡欢。

荣安客栈当年规模颇大，与中山路大亚酒店、泰昌隆、悦来栈并驾齐驱，号称海口四大客栈，主要客源为来自新加坡、马来西亚，以及中国香港、澳门和海南岛内外的过往旅客。当年荣安客栈开业后，因经营有方，生意红火，收益稳定，成为何麟书开拓橡胶种植事业的重要支撑。

"大亚酒店"位于今中山路70号，始建于20世纪20年代初期，由新加坡华侨领袖王先树先生发起合资兴建，是当时海口最好的旅店。今天我们在大亚酒店仍能看到王先树当年特意从南洋运回的玻璃天棚。王先树是琼海市石角村人，父亲王绍经是著名琼籍华侨，曾创办新加坡琼州会馆并任第一任主席，是当年南洋的琼籍华侨领袖。

大亚酒店主营旅业和汇兑，富贾云集，时常有洋人出入。日军侵占海南时曾将其改名为"海南岛酒店"，作为日本侵略者的接待场所。

"泰昌隆"位于今中山路90号，具体创办时间不详，由新加坡文昌籍华侨投资合股共建。其整体结构分为一个四合院和一个花园，中间用木板隔断，建筑风格兼具南洋特色和中式传统。1925年，"泰昌隆"侨批局成立，除了经营旅店业，还做进出口贸易等业务。2013年，骑楼老街业态调整，"泰昌隆"被业主拆得面目全

图 31 老字号"大亚酒店",以及天后宫门楼

非，遭到不可挽回的破坏。

"悦来栈"位于今中山路92号，始建于1910年前后，由旅越琼海籍华侨廖开振所建。其北连长堤路，南接中山路，共有五进，砖木结构，部分墙体采用人工打造的火山石砖。早年间，长堤路和水巷口边上是水域，常有船只停靠卸货，"悦来栈"一楼铺面起初经营的是"九八行"。20世纪40年代，廖开振曾将其整体转租他人，并改名"南京旅店"。"悦来栈"主要经营旅店业务，同时通过来往客商举办中外商贸活动。值得一提的是，"悦来栈"创办人廖开振先生曾任法国驻越银行行长，其妻阮玉兰是越南人。廖开振是一位爱国人士，他多次利用悦来栈作为掩护，自费购买大量物资支持抗日战争，在越南筹措资金，组建青年义勇军回国抗日，并因此获得抗战一级勋章。

图32
老字号"悦来栈"

第三章 下海出洋

海南人最早下海出洋的时间肯定比史料记载要早得多，但是早期的海外移民只是零星现象，不成规模。中央政府历来对海南岛这个化外之地极少给予关注，正史的叙事和记录体系一般也不会主动记载少数离岛出国的化外之民的生存状态和生活细节。历朝历代史书提及海南岛，一般都与平叛、流放和朝贡等有关。中原王公贵族对海南岛的兴趣往往只在于这个地方盛产沉香、珍珠、玳瑁等奇珍异宝，以及槟榔这样的土特产。再则，中国主流文化素来不大涉及商业，士大夫阶层对商人群体也不够重视，更何况在中国文化看来还是背离祖乡的海商。

图1（左）
《新唐书》记载的"广州通海夷道"示意图

图2（右）
南海"两弧"航线示意图，唐代之前，我国南海航线上的"西弧"航线已基本成型，中国人前往南洋诸国要先经过中南半岛和马来半岛抵达马六甲海峡后，再向东借道加里曼丹岛才能到达。到了宋代，经过海南岛东北部的"东弧"航线逐渐开辟，大大节约了航行路程，根据史料记载，经过此处的商船常常会从海口港登上海南岛。元代之时，临近海口港的水巷口已成为官渡，成为岛内和岛外人员与商品进出海南岛的重要关口之一

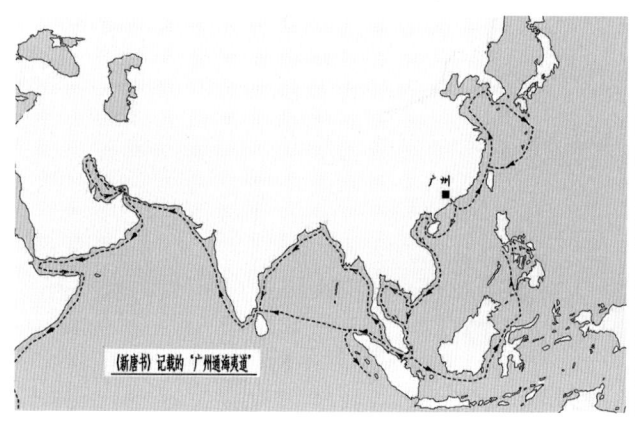

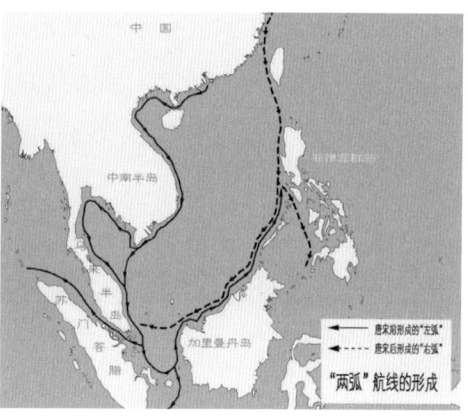

千年"通夷"

自古以来,海南岛虽然孤峙海外,但海南人并没有独守岛内。渔民的远海捕捞、海商的贸易往来、华侨的漂洋过海,说明海南人一直大胆扬帆海外,活跃在南中国海。这是中国人民率先发现、经营开发南海诸岛的最有力证据。千年"通夷"在近代演绎成下南洋,这是一段充满艰辛、苦难和血泪的历史,它深刻影响着海南的发展进程、社会形态,对海南人的影响更是深入到细节当中。可以说,海南近代出现的骑楼街区、西式生活、南洋遗韵等都是千年"通夷"的历史产物,对它的深入研究和探寻对于寻找海南的文脉具有重要意义。

扬帆海外

历史上,以南海为中心的海上丝绸之路的通道,在以海南岛为分界的西部、东部和南部三大海域上先后交替进行。海南岛上重要的港口也因此成为海上丝绸之路三大航线的重要门户所在。作为千年官渡,水巷口临近海口港,是岛内人们扬帆海外、与夷通商的重要出口之一,也是南洋商人北上来华的重要经停之地,航行于海上丝绸之路的海商在登岛稍作休整或交换商品后继续航行。

早期的出海与移民

中国人与海外进行交流,最早可追溯到秦代。不过由于当时技术的限制和地理的障碍，早期的人员流动、交流只是零星现象，主要是为了通商贸易。

日本史学家藤田丰八在其《中国南海古代交通丛考》中详细记述和考证了古代中国与南海诸国的交通线路和往来史实。他认为，秦时之番禺，即今天的广州，是当时南海贸易之中心地，商贾云集，各种异货珍品，远近汇聚。

秦帝国瓦解后，接任秦帝国南海郡尉的赵佗所建立的南越国，其版图及影响范围事实上包括了今天的海南岛、广州等岭南地区，越南北部以及南洋部分岛国。这个区域在当时已形成具有一定整体性的海上贸易区域。

一个世纪后，汉武帝发兵征服南越，控制了与南海和印度洋各国进行贸易的所有港口，中国的南海贸易版图得以向南扩大。汉代，一条由南海通往东南亚和南亚的"通夷海道"已经初步成型，除了天朝上国与外番诸国使节来往，民间商人也通过这条航道进行海外贸易。汉平帝时期，即公元前1—公元6年，中国人已出访当时的南洋。一些商船在海外因事故而滞留，不少船员就在当地定居下来，也有人因犯罪或政治迫害冒死出海，成为最早的海外"华侨"。

《后汉书·东夷列传》中记载："会稽海外有东鳀人，分为二十余国。又有夷洲及澶洲。传言秦始皇遣方士徐福将童男女数千人入海，求蓬莱神仙不得。徐福畏诛不敢还，遂止此洲，世世相承，有数万家。人民时至会稽市。会稽东冶县人有入海行遭风，流移至澶洲者。所在绝远，不可往来。"

北魏时期，有位叫范文的扬州人被掠卖为奴隶而到南洋。郦道元《水经注》卷三十六援引《江东旧事》有这么一段记载："少被掠为奴，卖坠交州，年十五六，遇罪当得杖，畏怖而逃，随林邑贾人渡海远去。"范文被越南中部的林邑（占婆）商人拯救后，乘坐林邑的商船返回林邑国，从此因祸得福。根据《晋书·四夷传》的记载，范文到了林邑王国之后，教林邑国王和国民建造宫室、城邑、器械等，后来他甚至被任命为林邑国的宰相。

南北朝至隋唐时期，岭南地区盛行奴婢买卖，宦族、世家和酋领不但蓄奴众多，而且有把男女人口与象牙、犀角等同贩卖的风俗。

规模化的海上贸易

唐代，随着南海贸易的发展，海上丝绸之路形成稳定规模和路线。宋代，由于中国政治和经济重心南移，南方经济发展开始超过北方。宋代的商业极为发达，航海技术比唐代更为成熟。宋朝的统治者对海上贸易持开放和支持态度，与其政治、文化的开明态度有一定的关系。但根本原因在于，宋朝不是一个大一统的帝国，在丧失中原地区控制权的背景下，海上贸易不失为一种补充国家财力的重要途径和手段，因此宋代实施开洋裕国政策，大力发展与南洋各国的海上贸易，以增加国家财政收入。在此背景下，人们下海出洋更多，在一些国家甚至出现了华人社区。

宋元两代是中国历史上海上贸易的黄金时代。当时中国的航海技术属世界领先水平，同时拥有世界最先进的造船技术，指南针的发明和运用也让中国在航海领域走在世界最前沿，也为明朝郑和下西洋奠定了基础。

元朝的开创者是游牧民族，他们对商业贸易没有农业文明固有的排斥。明清两朝则完全不一样，实施严厉的海禁政策，海外贸易由原来的民间主导转为官方主导的朝贡贸易体系，民间的海外贸易和海外活动基本是被禁止的。

明代虽然实施海禁，但是郑和下西洋却将中国的航海事业推向历史高峰。14世纪是中国人的海洋"黄金时代"，印度洋的航运权完全掌握在中国人手中。1405—1433年，郑和率领着当时世界上最强大、最庞大也是最先进的航海船队七下西洋，访问30多个国家和地区，其中14个是在南洋。

今天，我们在海南省博物馆可以看到大量的陶瓷及沉船等文物展示，这些从海底考古发掘出来的文物，发掘地就在海南岛周边的南海诸岛等海域，是中国通往南洋、印度洋及世界各地的海上必经之路。这些文物的年代最近的是清末，最久远的是南北朝时期，是历史上中国参与全球海上活动的见证。

战乱、动荡与移民

如果说贸易是早期东南沿海人们下海出洋的主要目的，那么推动海外移民的主要原因则是战乱。

回顾历史，我国东南沿海民众向海外移民与历史上三次因战乱而发生的大规模人口南迁关系极为密切。

第一次是发生在公元4世纪末至5世纪初（西晋末年）的"永嘉之乱"。第二次是发生在唐天宝十四载（755）的"安史之乱"。第三次是发生在北宋末年，靖康二年（1127）的"靖康之乱"。三次战乱造成北方人口大规模从中原地区向南方迁徙，南方人多地少，资源紧张，为了生存，人们继续向海外移民。历史上，很多闽南人就是先移居到海南岛，再利用海南岛便利的海上通道扬帆南洋。海南岛上汉人最大规模的移民潮与这三次大规模的战乱背景有关。这也是我国东南沿海人口向海外移民的潜在动力。

公元10世纪，有一位叫马素提的阿拉伯人在《黄金牧地》一书中曾记录，他公元943年造访过苏门答腊，看到很多中国人在岛上从事种植业，他们中有一部分人居然是参加黄巢起义失败后而逃亡到此避难。值得一提的是，由于唐朝在当时的影响力极大，威望极高，当时的华人自称为"唐人"，称母国为"唐山"，华人聚居地称为"唐人街"。

从16世纪中叶（明朝中期）到19世纪鸦片战争前这300年间，下南洋的华侨人数快速增长，迁移的范围和区域更大，活动更频繁。这一时期是中国封建社会晚期，社会矛盾日益加剧，包括海南岛在内的福建和广东两省出现大量破产农民、手工业者。为了生存，他们不得不远走他乡，冒险出洋，另寻活路。很多华侨下南洋后就长期居住移民国不再归国。这种现象在明清王朝政权更迭之际更为突出。据统计，到鸦片战争前夕，在南洋的华侨人数已接近100万。

总而言之，在中国海外贸易和移民历史中，我们的先祖很早就在南海有规律、大范围、成规模地活动。他们在缔造南海商业文明雏形的同时，还将先进技术、先进文化、先进理念推广传播到南海周边国家。

对此，法国学者弗朗索瓦·吉普鲁在其著作《亚洲的地中海》中叙述，东南亚被殖民以前的漫长岁月里，南海的海上贸易呈现三大特点：贸易由中国远洋船只开展，官员和船员都是中国人，中国贸易体系指导南海贸易规则。换句话说，中国主导着东南亚被殖民前的南海商业文明。事实上，即便在西方殖民东南亚后一直到18世纪末的近

200年时间里，由于中国人的存在及其影响力，中国人在南海推行的贸易规则，包括和平共处、友好睦邻、通商共赢等，一度有效抵挡了欧洲殖民者介入这一贸易体系的企图，压缩了欧洲人在南海周边的掠夺和暴利空间。

琼人下洋

从地图上看，海南岛刚好处在南海通道之上，是中国古代人们下海出洋的重要经停之地。唐代，海上丝绸之路形成稳定规模和路线。当时的海南岛就成为南海各条航线的要冲之地，岛上不仅盛产沉香、玳瑁等奇珍异宝，又拥有丰富的热带土特产如槟榔等，使海南岛倍受海商青睐。

明代郑和下西洋时，曾利用海南渔民发明的更路簿作为海上航行导图，并请他们做向导。更路簿，又称南海更路经，是海南渔民以文字或口头相传的南海航行路线知识，这是海南渔民们的大智慧。他们将千百年来的航行经验和探索描绘成简单易懂的"草根读本"，为变化莫测的海上航行提供安全保障，带来希望和指引。

这些都说明海南岛和海南先民一直是官方南海行动和海上贸易的参与者。只是由于海南岛孤悬海外，国家正史对此极不关注，传统的历史叙述体系中难以留下他们的身影，而他们自身又缺乏自我述说的方式，因此文献记录较少。

千年"通夷"有太多的疑问值得我们去追问、去缅怀、去深思、去反省。我们的先祖何时开始漂洋过海，踏浪远行？作为一个农业文明的国度，中国人素来重乡土、轻客乡，重团聚、轻远行，重归宗、轻漂泊。是何种原因、何种力量、何种动力，让骨子里讲究落叶归根的移民们冒死远行，背井离乡？他们经历了怎样的艰难险阻？借用何种工具和技术？为什么千千万万悲惨的"猪仔"命运也没能阻止他们下南洋的脚步？是现实抗争，还是未来可期，抑或是无奈之举？

何时出洋

海南人何时出岛，扬帆海外，踏足南洋，史料和文献并无确切的记载。但是纵观中国人海外活动的历史，海南虽然自古以来在地理上与大陆隔海分离，但是行政归属上，一直划归广西或广东进行管辖，政令一体。从民间往来与互动方面来分析，海南岛与广西、广东和福建等地，秦代开始便有了避难移民、商贸交往、商品互输等活动。从唐代开始，海南岛上的港口就与广西、广东和福建等地的重要港口建立起紧密的内部贸易体系。因此，我们可以判断海南人的海外活动时间，大体上与我国其他沿海地区是一致的。

根据海南相关姓氏族谱记载，唐末至五代十国时期的这些渡琼先人祖籍多为福建漳州和泉州等。历史上，漳州人和泉州人擅长航海，富有冒险精神，极具商业头脑。他们南下海南岛之后，又充分利用海南岛与南洋便利的海上交通，继续南下谋生发展，开拓创业空间，甚至有人一去不复返，在南洋扎下根来。水巷口早期的居民也是以闽南移民为主，他们素来以勤劳、能干著称。

据《琼海县志》记载："邑人出洋始于唐代。其时，从福建漳州、泉州、莆田和广东等地移居于邑境的一部分商人和渔民，因受不起天灾兵祸之苦，再乘舟楫，远渡重洋，移居于南洋群岛，为最早的出国华侨之一。"关于文昌人移民海外的时间，有一种说法是宋末元初，也有观点认为是始于明朝。出洋较早、人数较多的地方应该是琼海、文昌两地。

宋、元、明、清四朝，是海南人下海出洋的重要历史时期，出洋人数呈现出倍数增长的趋势。特别是明清时期，政府实施严厉的海禁国策，闽粤两地民众下海出洋受到严重影响，但海外贸易与人员交往并未停止。海南岛孤悬海外，皇权的威严和中央政府的管控相对较弱，这种地理优势此时就凸显出来。结果是即使在海禁政策严厉的明清两代，海南人下南洋的规模仍然显著提升。尤其是明代郑和下西洋，促使中国与南洋的交往日益增多，在此背景下，海南岛与南洋的贸易往来和贸易规模都有所扩大，于是便开始出现大规模的海外移民潮。

为何离乡

明清时期，严厉的海禁使海南人的生存成为问题。他们有的冒险成为海盗，有的被迫下南洋谋生。与其他沿海地区不一样，海南岛四面环海，从技术层面来看，在古代，官方显然很难建立起强有力的防控体系，阻止民众下海出洋，且中央统治力量和管治能力在此也相对薄弱。这就是海南岛这个地方，自古以来海外移民不断、海盗时常出没的原因。

南洋在古代是一个"无主之地"，横跨在印度洋和太平洋之间，是东西方海上交往的必经之路，拥有两万多个大大小小的岛屿，属地缘战略要地、海上咽喉之地、东西文明交点，资源丰富。千百年来，它成为东西文明互相碰撞和融合的前沿阵地，中国人、欧洲人、阿拉伯人、印度人等，均在此展示、移植和传播各自的文化。当年闯荡南洋的海南人，与我国其他沿海地区的华侨一样，带着对生存的渴望、生活的奋斗和财富的追求，背离祖乡，远渡重洋，到达南洋诸岛。他们曾借助唐宋的文治武功、盛世威名和中华文化的影响，在当地引领经济发展，传播中华文明，传授中国技艺，传承民间信仰，与当地土著和平共处，共建美好家园，谱写过人类早期全球化的辉煌历史，树立了文明融合典范。

直到西方列强意识到南洋的地理位置十分重要——界于中国和印度文明古国之间，是东西海上贸易的要道，为了打破穆斯林势力对东西方商业贸易的垄断，打开进入中国南部的通道，自16世纪起，西方列强便相继入侵南洋，占据诸岛，强行殖民，掠夺资源。殖民地的开发需要巨大的劳力支撑，从某种意义上讲，这也是海南人下南洋的最大外部拉力。

鸦片战争是一个极其重要的时间节点和分水岭。鸦片战争之前，中国人在南洋谋生、闯荡、创业、生存，并落地生根，已走过1000多年的漫长岁月，在南洋形成具有中国特色的华侨社会，成为这片土地的主角。鸦片战争之后，中国国内政治动乱、社会动荡，此时恰好西方资本主义国家出于成本考虑，将非洲奴隶在非洲就地转化为劳力，导致非洲奴隶贩卖贸易停止，西方国家的海外劳力紧缺问题日益凸显。在这种内外因素的共同作用下，华侨出国人数达到空前规模，近代史上的大规模下南洋由此拉开序幕。

近代移民浪潮

鸦片战争之后，大量海南人从水巷口码头乘船踏浪南下，海外移民人数骤然增长，形成中国近代史上著名的"下南洋"浪潮。作为官方渡口和建有码头的水巷口，正是这一历史事件的场所见证，铭刻着海南人下海出洋的历史记忆。

1858年，清政府与英法两国分别签订《天津条约》，海口成为十大对外通商口岸之一；1860年，又与英国签订《中英北京条约》。这些条约的签订也改变了清康熙以来"凡出洋久留者，该督行文外国，将留下之人，令其解回立斩"的禁止出洋严令，海南等沿海地区的出洋谋生人数骤增。

这一状况从这一时期海南岛海岸港口数量的增加也可以得到验证。由于商业贸易的发展，海南岛海岸线在明清两代开发

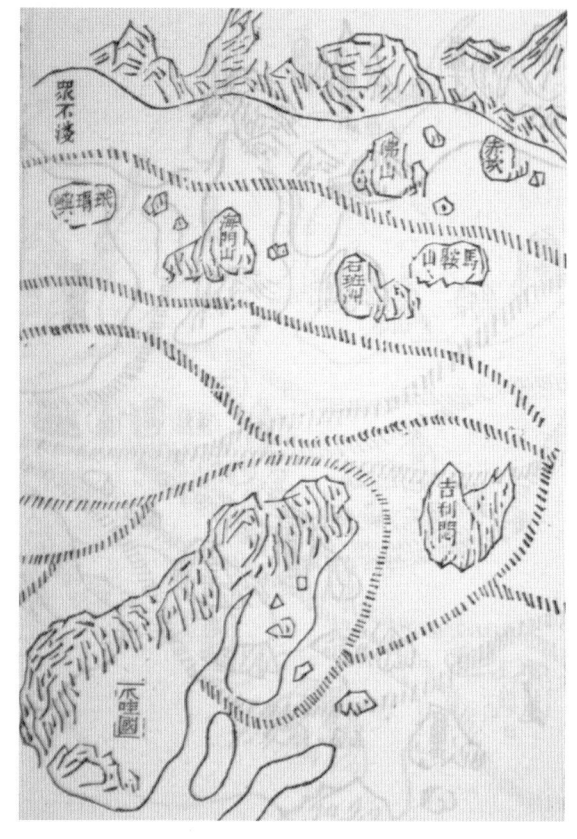

图3
郑和下西洋航海图局部，左下角为爪哇国（也作爪洼国、叶调、诃陵、阇婆、呵罗单、耶婆提，古代东南亚古国，其疆域主要在今印度尼西亚爪哇岛一带）

出大量的港口（表3.1），仅有清一代，全岛港口数量就由60多个发展到90个左右，新增的港口主要集中在南北两端。北端的琼山县北边面临大海，与大陆隔海相望；南端的崖州是通往南海诸国的必经之道。明清以来，从福建、广东出发的商船，大多沿海南岛东北海域航行，再经海南岛南端去往越南等国家。

在这些众多的港口当中，因为地理位置的不可替代性，海口港成为海南岛最重要的港口之一，但由于其水浅且多泥沙，往来人员与运输商品难以在港内就地进出，此时临港而建的水巷口码头就发挥了重要作用。因此，水巷口见证了海口这座口岸城市的形成与发展历史，成为海口最重要的商贸发祥地之一。

光绪十九年（1893），清政府驻英使臣薛福成曾在奏折里将海外华人的情况上奏给清帝，现节选部分内容如下：

"臣于光绪十七年，奏派道员黄遵宪为新加坡总领事官，属令到任

后，详察流寓华民情形，核实禀报。兹据称南洋各岛华民，不下百余万人。约计沿海贸易，落地产业，所有利权，欧洲、阿剌伯、亚来由人，各居十之一，而华人乃占十之七。华人中如广、琼、惠、嘉各籍，约居七之二，粤之潮州、闽之漳泉乃占七之五，每人多来往自如，潮人则去留各半，闽人最称殷富，雅土著多而流寓少，皆置田园长子孙。虽居外洋已百余年，正朔服色，仍守华风，婚丧宾祭，亦沿旧俗。"

从这份奏折的内容我们可以得出以下信息：

一是当时移居南洋诸岛的华人已超过 100 万人，人数远远多于其他国家的移民，且大多从事贸易。

二是这些华人主要来自广东、福建及海南岛，其中广东的潮州、琼州（清代，海南岛归属广东）和福建的漳州、泉州等地占比最多，潮州人留居南洋最多，福建商人则最为富有。

三是华人虽然长期移居南洋，但仍然保有中华传统文化习俗，衣装打扮、婚丧宾祭"亦沿旧俗"。不仅如此，这些华人到南洋之后，

表 3.1
明清两代海南岛港口数量表，出自：王元林. 1840 年前琼州府港口分布与贸易初探[M] // 海洋史研究（第 6 辑）. 北京：社会科学文献出版社，2014

州/县	明正德《琼台志》记载港口数	清道光《琼州志》记载港口数	港口变化数量
琼山县	6	9	+3
澄迈县	4	3	-1
临高县	6	11	+5
文昌县	8	9	+1
会同县	3	5	+2
乐会县	1	2	+1
儋 州	8	9	+1
昌化县	4	7	+3
万 州	4	3	-1
陵水县	5	6	+1
崖 州	11	16	+5
感恩县	4	9	+5
总 计	64	89	+25

将原来的民间信仰也移植到南洋居住地，久而久之也影响到当地人。今天我们到南洋诸国可以看到妈祖信仰随处可见，这些都是当年移居海外的华侨的功劳。

根据陈翰笙主编的《华工出国史料》记载："从 1876 年—1898 年的 23 年间，仅通过客运出洋的海南人就达 24.47 万人，平均每年 1 万余人，而通过其他途径出洋的人数也不少。"

去往何方

早期的海南人较早到达的地方是越南。这是因为海南岛与越南邻近，历史上的越南北部曾属于中国的版图范围，与海南岛同属一个行政辖区。这种地理上的相邻关系使得越南成为海南人通往南洋的最早航行目的地之一。清代以后，新加坡等南洋诸国才成为海南人移民和移居最多的地方。至今，在琼海、文昌等侨乡，仍然有"家家有华侨、户户有番客"的说法。

据《华侨华人在世界各地人口数量统计表》[1]统计，截至 2022 年，有超过 5000 万华侨华人生活在中国以外的世界其他国家，其中大部分都生活在东南亚，新加坡华人占新加坡人口的大多数（75%），马来西亚（22.4%）、泰国（14%）和文莱（10%）的华侨华人占其国家人口总数的比例也不小。现有的海外华人华侨及其先辈绝大多数都是在中华人民共和国成立之前出国的，特别是晚清移民潮时期，形成了东南亚、北美、大洋洲、加勒比海、南美、南非、欧洲等新老移民群体。另外一股大规模的移民潮则是在中华民国时期。

弃民与没有帝国的商人

近代下南洋与闯关东、走西口，是我国历史上著名的三次人口大规模迁徙事件，都发生在清代，但三者的差别极大。闯关东和走西口是人口国内迁徙，走的是陆路，迁徙流向大致是北上；下南洋则是走

1　华侨华人在世界各地人口数量统计表 [EB/OL]. （2022-09-14）[2023-6-30]. https://www.108hei.com/archives/6933.

出国门，走的是海路，迁徙流向一般是南下。

与闯关东、走西口的移民相比较，下南洋移民的南下之路更为艰辛、更为凶险、更为伟大，但是，下南洋的名气及关注度却比前二者稍逊。前二者或多或少带有官方性质，当时的政府有一定的政策引导，甚至是鼓励，向外迁移的百姓仍然是王朝子民。下南洋则完全不同，绝大多数下南洋都是自发、自愿行为。对政府而言，他们是自绝于王朝、不听王化、不服管治的"弃民"，比历史上的流民更缺乏国民身份认同。新加坡著名学者王赓武将下南洋的中国商人称为"没有帝国的商人"。正史文献对此极少关注，正面记载更是少之又少。

夹缝生存与国家殖民公司

华人数百年漂洋过海，背井离乡，到异域生存，冷酷的母国王朝统治者对底层生存状况极其糟糕的民众缺乏起码的体察。因此，"下南洋"的历史无疑是苦难的、血泪的、沉重的，充满悲情、辛酸、艰辛，同时也彰显着不屈不挠、与命运抗争到底的精神。

自古以来，中国商人的社会地位就极低，所谓士农工商。在帝国统治者和士大夫的话语体系中，海商更是经常和"海盗""弃民""罪人"混为一谈，皇帝恩德不会泽被他们，天朝力量更不会庇护他们。

1603年，西班牙军队勾结当地土著、日本人在菲律宾马尼拉华人聚居地实施惨无人道的大屠杀，残害华人25 000多人。事后，西班牙殖民者马尼拉总督阿库尼亚略带不安地给当时的福建巡抚徐学聚写了一封罪行辩解信，污蔑和诡辩道："华人将谋乱，不得已先之。"

徐学聚接到信报的时间是夏季，但是他奏报给当时的万历皇帝却已是当年的冬季。不可思议的是，他在奏报里居然大言不惭地认为，华夷冲突时有发生，在吕宋（今天的菲律宾群岛）经商的人，这次被屠杀了上万人，人数实在太多，理应讨伐问罪。但如果出兵海外征讨，胜负难料，为这些被丢弃的贱民出兵海外不值得。本来还龙颜大怒的万历皇帝听到徐学聚这种说辞也只是轻描淡写地说了一句"吕宋酋擅杀商民"，然后就让徐学聚酌情处理。这位巡抚大人回复西班牙人的信居然如此写道："中国皇帝宽怀大度，对于屠杀华人一节，决不兴师问罪……在境华人，固多系不良之徒，亦勿容怜爱。"

后来明王朝又给西班牙回了一封信，内容如下：

> "海外争斗，未知祸首。又中国四民，商贾最贱。岂以贱民，兴动兵革。又商贾中弃家游海，压冬不回，父兄亲戚，共所不齿，弃之无所可惜，兵之反以劳师。"

事实上，这些海外移民绝大多数是老实本分的民众，为当地的经济社会发展贡献极大。根据《明史》记载，大屠杀后，菲律宾的经济一度陷入崩溃，人们有钱买不到粮食、蔬菜、鞋子等生活必需品，造成马尼拉出现没有理发师、没有裁缝、没有鞋匠的局面。

远渡重洋的中国海商论智慧、论勤劳、论能力、论技术，毫不逊色于西方商人，且他们极善于与当地政府搞好关系。但中国海商在海外被屠杀的事件却时有发生，平生积累的财富经常被洗劫一空。中国海商和欧洲海商所处的文化背景和政治环境完全不同，主要体现在两方面：

一是没有国家力量支持。很多时候国内政权甚至对中国海商采取铲除的态度。明清两代，朝廷不仅禁止海外贸易，而且反对海外移民。偶然开放海禁也是由于特殊原因或特殊时期迫不得已。唐、宋、元三朝虽然对海外移民和海外贸易持开明和肯定的态度，但并无实质性政策与经济上的支持，中国沿海民众下南洋千百年来都是自发行为，帝国统治者往往只关心如何从他们身上征收更多的税。

在清代达到空前规模的下南洋，既不是国家行为，亦无国家力量支持，王朝统治集团更不可能像西班牙、葡萄牙、英国等西方国家皇室那样动用一切资源，采取国家行动，以民间活动的方式在海外广泛占领殖民地。麦哲伦环球航海背后是国家力量的支持，是国家行为，他与皇室之间是一种雇佣关系，这是国家海盗集团化。哥伦布的"地理大发现"、麦哲伦的"环球航海"、"东印度公司"，实际上都是当时欧洲统治者以国家名义，用国家力量，打宗教旗帜，打通东方商道，寻找海上财富，开拓殖民版图。

二是没有军事武装力量。海外华人虽然人数众多，但大多以家族为单位进行组合，大家各自为政，没有形成西方式的资本财团。比如东印度公司，是一个极为"类国家"的组织，不仅从事贸易活动，而且在海外拥有强大的武装力量，代表国家在海外行使一个国家的职能。

荷兰东印度公司成立于1602年3月20日，由荷兰14家从事东印度贸易的公司整合而成。与其说它是一家公司，不如说是一个国家代理机构。这是世界上第一个组建雇佣兵、发行货币的公司，荷兰政府甚至批准它可以与其他国家签订正式条约，准许在开拓的殖民地自行实施殖民与统治。1669年，荷兰东印度公司成为当时世界上最富有、最强大的公司，拥有商船150艘、战船40艘，员工超过5万人，名下雇佣兵有1万多人。英国东印度公司也与此类似。1670年，英国查理二世出台法律，批准英国东印度公司自主占领殖民地、铸造货币、组建军队，在占领地区拥有司法权力，甚至可以签订条约，与一个国家结盟或宣战。由此可见，东印度公司极具国家特性。显然，中国海外商人的商业组织是无法比拟的，尽管当时的中国是世界上最强大的帝国之一。

在南洋活动的中国人和欧洲人在海上的行动，无论动机、手段还是背景都截然不同。中国海商大多是夹缝中求生存，主要由失地的农民和失业的手工业者构成，他们下南洋是被动的，甚至可以说是被迫的。因为他们大多数人在国内生存或生活都成问题，不得不远走他乡，但在帝国统治者看来，他们的海外行为却背离了天朝倡导的精神价值，违反天朝律例。最明显的就是有明一代，帝国实行严格的海禁，在"片板不许入海，寸土不许入蕃"海禁政策背景下，下南洋的海商是"名不正、言不顺"，他们的南洋谋生和活动不仅得不到官方的支持，还面临惩罚甚至处决。因此，中国人下南洋是一部充满血泪、苦难的凄惨历史，南洋华侨用血泪甚至生命谱写了一部海外生存和发展史。

在这些成千上万的中华海外子民当中，也有极个别人在南洋表现得十分出色，成就非凡，影响极大，甚至一度在"无主之地"南洋诸岛建立起王国。

著名历史学家柏杨在《中国人史纲》中对中国人在东南亚的发展做过简要概述："南宋以来发源于我国东南沿海的海权势力为了控制东南亚这一关键的海洋咽喉，先后建立的华人国家还有多个：广东省人吴元盛，在婆罗洲北部建立戴燕王国，自任国王，王位世袭，立国百余年，于19世纪亡于荷兰；广东省潮州人张杰绪，在安波那岛（纳土纳岛）建立没有特定名号的王国，自任国王，19世纪初张杰绪逝世，内部发生纷争，王国瓦解；福建省人吴阳，在马来半岛建立另一个没有特定名称的王国，于19世纪被向东扩张的英国消灭；还有暹罗王国的开国国王郑昭，当今泰国王族的血统其实是华人后裔，是华人少数统治一个海外国家的唯一例子。"

柏杨所说的王国事实上并非我们今天所理解的类似国家的概念。众所周知，南洋是一个由两万多个岛屿组成的地区，民族众多，历史上这个地区从未出现过大一统的帝国。中国人落脚之地也大多是"无主之地"，柏杨提到的王国其实大多是以族群或同乡为主体，组成创业团队，独立生存，开荒种地，通商贸易，开采金矿，在居住地规划屋舍，修建道路，设立集市，自行铸钱币，建立独立的税收体系。有些王国即使拥有武装力量，也只是用于自卫和防御。

渡海方法

关于海外移民的渡海方法，著名学者陈达在《南洋华侨与闽南社会》中写道："在轮船未通以前，大致用帆船（在汕头俗称'红头船'，在闽南俗称'青头船'），闽、浙、粤沿海各区都有制造的。航海时的驾驶人员，都是本地有经验的航海家。蒸汽机器发明以后，改用汽船，大部分由外商经营。以大体论，不论帆船与汽轮，我国的迁民于渡海时往往尝受危险与虐待，直至近年，船中卫生才比较有了进步。"

在近代轮船出现之前，历史上中国人的渡海工具主要是帆船，主要有福船、广船、浙船和沙船四种船型，它们因海域不同而造型各异，大致特征如下：

福船，是福建地区所造的帆船，其上平如衡，下侧如刃，破浪而行，适合深海远洋。宋元两代，福船是官方出使海外选用的船型，明代郑和下西洋时，福船也是重要的船型之一。宋代徐兢在《宣和奉使高丽图经》中写道："先期委福建、两浙监司雇募客舟，复令明州装饰，略如神舟，具体而微。其长十余丈，深三丈，阔二丈五尺，可载二千斛粟。其

图4
《册封琉球图》中描绘的清代福船

图5
晚清绘画《广州城珠江滩景图》中的广东红头船与福建绿头船

制皆以全木巨枋搀叠而成,上平如衡,下侧如刃,贵其可以破浪而行也。"

广船,是古代岭南地区所造的帆船,其一般用开孔舵,以减小舵轴力矩,帆形如折扇,是典型的尖底海船,适合深水航行。广船在汉晋之时已出现。南宋周去非在《岭南代答》中写道:"深广沿海州军,难得铁钉、桐油,造船皆空板穿藤约束而成,于藤缝中以海上所生茜草干而窒之,遇水则涨,舟为之不漏矣。其舟甚大,越大海商贩皆用之。"

浙船,是南方深水船型的一种,主产地是温州和明州(即今浙江省宁波市),其特点是尖艏阔艉,艏艉高翘,也是一种适合深水远洋的船型。明代茅元仪在《武备志》中写道:"吧喇唬船浙中多用之,福建之烽火门亦有其制。底尖面阔,首尾一样,底用龙骨,直透前后,阔约一丈,长约四丈。"

沙船,是北方船型,其特点是底平,利于浅水航行,因此,这种船型在海河地带使用得也比较多。北方的漕运货船大多使用沙船。明代茅元仪在《武备志》中写道:"沙船能调戗使斗风,然惟便于北洋而不使于南洋。北洋浅南洋深也,沙船底平不能破深水之大浪也。北洋有滚涂浪,福船、苍山船底尖,最畏此浪,沙船却不畏也。"

从文献资料来看,历史上海南人早期出海下洋所用船型主要是福船和广船。但无论是何种船型,其动力主要借助风力。工业革命以前,人类能利用的最大动力都来自自然。古人经过长年累月的观察和

经验总结，发现海洋存在规律性的季风。海南的风信一般来说，春多东风，夏多南风，秋多西风，冬多北风。因此，古代航海正是利用季风的规律，每年从海南出发前往南洋的船只，必须是每年秋冬之季乘着东北季风顺风而下。反之，从南洋归国的船只则必须在南洋不同的贸易港埠等待季风转变风向，也就是要到第二年的春夏之季，西南季风出现了才能顺风而行回国。倘若错过西南季风，则不得不在当地寓居，等待来年的西南季风才能返航。

图6
海南及今广东地区（地图局部）。根据宋代《九域守令图》（1121年）绘制。海南岛的轮廓出奇地写实

图7
海上丝绸之路东起泉州、番禺（今广州）、明州、扬州等沿海港口，途经海南岛，通往东南亚，过马六甲海峡，到达天竺，越过印度洋、阿拉伯海后抵达大食

铭记南洋

古代先民认为中国是"中央之域"，居世界之中。在先秦时期已有华与夷相对的经典观念，这种思想观念在儒家思想价值体系当中更加得到强化，中原地区建立起华夏文化的自我认同，对四夷有一种天生的文化优越感。在国家政治层面的表现就是以"中国"为中心的天下观念，按照方位将围绕中国的外部世界，笼统划分为东南西北四个"洋"。东洋一般是指日本，西洋则泛指欧美，北洋是指渤海、黄海和朝鲜半岛周边，南洋则指今东南亚的马来群岛、菲律宾和印度尼

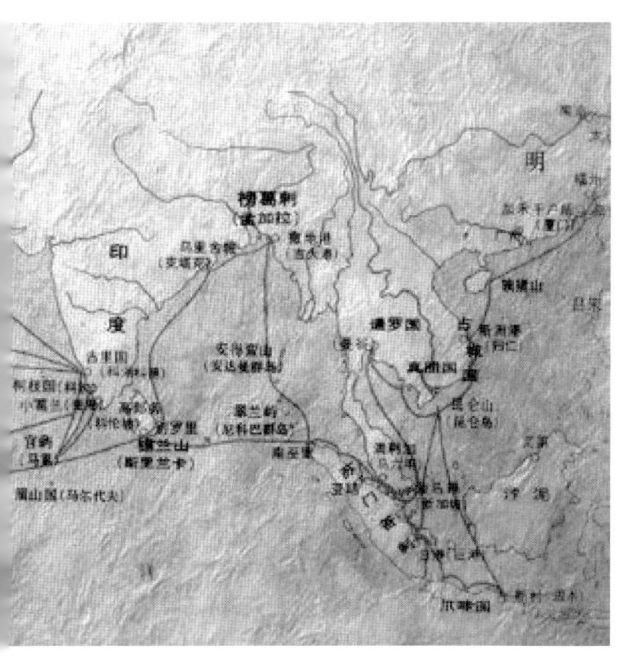

西亚，广义的南洋还包含澳大利亚、新西兰等地。

南洋和东南亚

说起"南洋"一词，很多人并不陌生，但对其确切位置则大多模糊不清，对其复杂来源更是知之甚少。中国人所认知的南洋往往是从文化角度出发，是一个中国史书和地理文献上的概念。而今天的南洋一般指东南亚一带，包括东南亚的中南半岛和所有海岛区域。

央视拍摄的纪录片《下南洋》认为，今人所说之南洋，包括明代之东西。所谓东西洋之称，似首见于《岛夷志略》，至明代开始盛行，大致以马来半岛与苏门答腊以西，质言之，今之印度洋为西洋，以东为东洋，昔日大食人亦以此两地为印度与中国之分界。然在元代以前，上述地区概名之为南海或西南海。

对于南洋所指的区域与范围，学者赵正平认为有广义与狭义之分，"广义的南洋包括印度半岛、马来半岛、马来群岛、澳大利亚、新西兰、太平洋群岛、印度、锡兰。狭义的南洋即今所谓东南亚地区，包括中国以南、印度以东、澳大利亚以北地区。"

东南亚的部分地区在中国古代文献中曾被称作"西洋"。中国是较早认识东南亚的国家，对东南亚有着丰富的文献记载。《汉书·地理志》对南洋这个区域已有最早的整体性记载和描述。

近代之后，魏源的《海国图志》明确将东南亚各国归入"东南洋"进行表述，其中包括"越南、暹罗、新嘉坡、缅甸、吕宋夷所属岛、英荷二夷所属葛留巴岛"。

20世纪30年代，李长傅、冯承钧等中国学者最早把东南亚史作为整体的地区史来研究，但他们对东南亚的指称依然使用"南洋"概念。1957年田汝康在《17—19世纪中叶中国帆船在东南亚洲》中使用的是"东南亚洲"一词。1958年苏联专家科切托夫出版了《东南亚及远东各国近现代史讲义》，其中出现了中文的"东南亚"译名，自此"东南亚"概念在中国知识界开始逐渐普及。

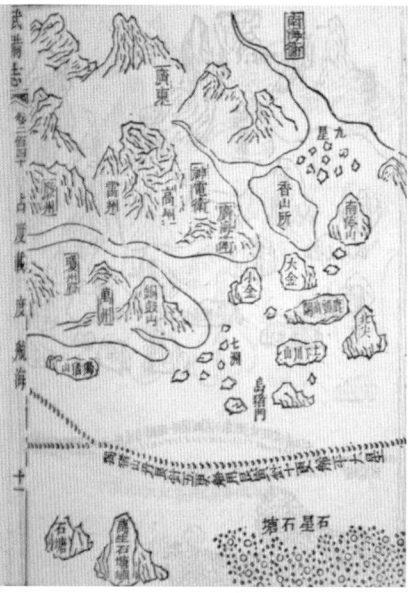
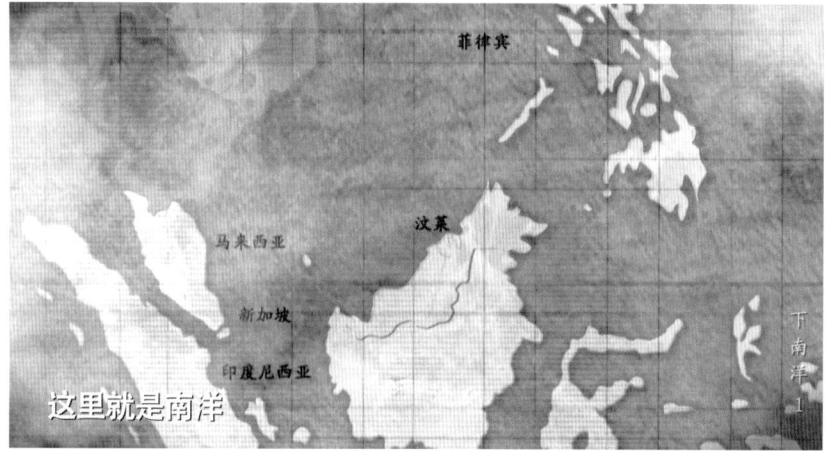

图8（左上）
郑和下西洋的航海图当中的"交趾洋"

图9（右上）
郑和下西洋航海图。明洪武三年（1370）琼州升为府，统领海南行政。首任知府宋希颜于琼州军民安抚司衙（元帅府东隅）开设府署

图10（下）
央视纪录片《下南洋》中的南洋

总而言之，中国人对南洋的准确认知在明代以后，那时就开始将现在的缅甸、泰国、柬埔寨、老挝、越南、菲律宾、马来西亚、新加坡、文莱、印度尼西亚和东帝汶11个东南亚国家看成一个整体的海外地理概念，并习惯称之为"南洋"。不过，"南洋"被正史和文献大量使用并明确范围则要到晚清。也是从晚清时期起，我国东南沿海地区出现了大规模的民众向东南亚地区移民的情况。

在西方人的话语体系里没有"南洋"之说，而是统称"远东"或"东南亚"。"东南亚"是近代西方话语体系创造出来的一个地缘政治概念，也是西方殖民扩张的产物。"东南亚"这个概念从西方人最初的偶然创造，到作为一个整体性军事地理概念，再到被地理学

家、历史学家引用，演变成为一个整体的自然地理概念，最后被包括人类学家在内的各个领域所接受，成为一个色彩鲜明的文化地理概念，其背后包含着极其复杂的历史背景和丰富的文化内涵。

打开世界地图，不难发现，东南亚的地理位置刚好跨越赤道，大部分为热带地区，北接中国大陆，南望澳大利亚，东濒太平洋，西临印度洋，毗邻印度和孟加拉国，是天然的地缘战略要道。其中著名的马六甲海峡，长约 900 公里，最窄处仅 37 公里，是东北亚经东南亚通往欧洲、非洲的海上最短航线的必经通道，因此是兵家必争之地和商人必经之路。

东南亚地形地貌复杂多样，整个地区被山川、岛屿和海洋切割分块，难以连成一片，这种地理特征使东南亚在历史上很难出现大一统的政治局面，整个区域历史上也没有产生过大一统帝国。东南亚 11 个国家当中，东帝汶是最年轻的国家，2002 年 5 月 20 日才正式宣布独立。面积最大、人口最多的国家是印尼，在 2010 年其陆地面积有 190 多万平方公里，人口有 2 亿多人，[1] 人口数量居世界第四，是东南亚名副其实的大国。面积最小的国家是新加坡，2023 年其面积仅约 733 平方公里，人口约 564 万人。[2] 东南亚人口最少的国家是文莱，在 2021 年仅约 43 万人。[3]

东南亚大部分为黄种人，种族众多，包括属于汉藏语系、印地语系、南亚语系、南岛语系的多个民族，其中人口较多的有爪哇族、京族（越族）、泰族、缅族、老族、高棉族、苏禄族等。

不同族群迁徙到此安家创业，并相互交流融合，最终形成了一个多民族交错杂居的地方，但是并没有像欧洲人那样在思想上形成"东南亚"人的自我意识，宗教更是五花八门，各显神通。

最早发现南洋（即东南亚）的是中国人。中国历史文献当中很早就有许多关于"南海""西洋""东南洋"和"南洋"的记载。

郑和下西洋使"西洋文化""西洋现象"等深入人心。从狭义上

---

1 印度尼西亚 [EB/OL]. (2010-10-20) [2024-03-05]. http://www.mofcom.gov.cn/aarticle/Nocategory/201010/20101007197175.html.
2 新加坡国家概况 [EB/OL]. (2023-11-01) [2024-03-05]. http://spainembassy.fmprc.gov.cn/web/gjhdq_676201/gj_676203/yz_676205/1206_677076/1206x0_677078/.
3 文莱 2021 年总人口初步统计报告 [EB/OL].（2021-10-20）[2024-03-05]. http://bn.mofcom.gov.cn/article/jmxw/202110/20211003209761.shtml.

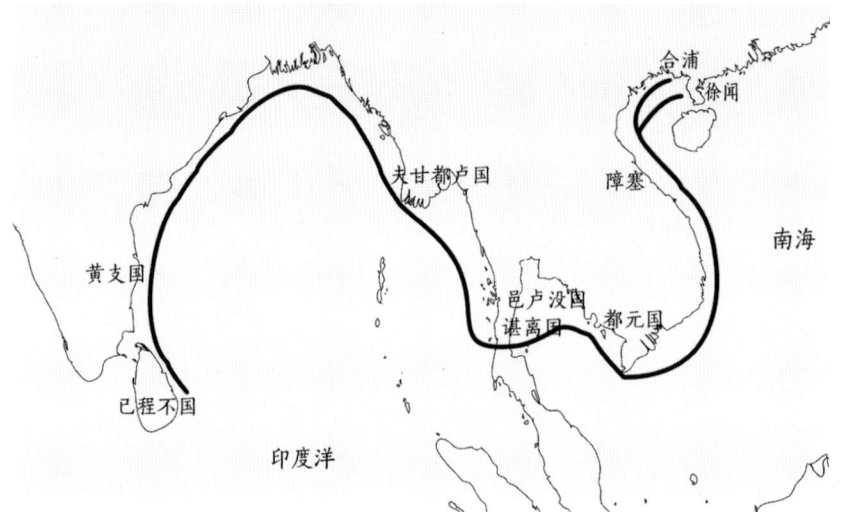

图 11
依照《汉书·地理志》绘制的汉代西行海路图

理解，人们将郑和当年下西洋所到的今天印度洋至波斯湾、红海及东非一带称之为"西洋"，是将当时中国南方海域以渤泥（今天的文莱）为界分为东西两洋，渤泥以东称东洋，以西为西洋，1617 年张燮所著《东西洋考》中有明确的记载。以今天的东南亚地理划分来看，当时郑和所下的"西洋"就是现在东南亚的部分地区。

最早来到南洋的西方人是冒险家、传教士和商人，刚开始他们将这一区域称为"东印度"。16 世纪开始，葡萄牙、西班牙、荷兰、英国等西方国家先后以殖民者的角色入侵南洋。当时的英国人把这一区域统称为"东方"或"印度群岛""马来群岛"等。途经的阿拉伯、波斯等国商人则把这一区域称为"风下之地"。

"东南亚"一词首次出现是在 1839 年。当时一名叫马尔科姆的美国牧师出版了一本著作《东南亚旅行记》。这是西方人第一次将中国人印象中的南洋称为"东南亚"。"南洋"和"东南亚"经过演变，积累了较为浓厚的文化色彩，被学界广泛接受和使用。

悲惨"猪仔"

在海南人千年通夷的历史中，最惨无人道、最血泪辛酸、最黑暗罪恶的一页莫过于鸦片战争以后的"猪仔"贩卖。"猪仔"又称"猪崽",是广东方言,指被掠卖的华工。李长傅在《南洋华侨史》中写道:"自十九世纪以来,华工南移渐盛。有一部分为自由工人,一部分为契约工人,即俗所谓猪仔是也。"

16世纪麦哲伦开启的大航海时代,推动西方在海外的殖民扩张加速,殖民地的大规模开发导致世界廉价劳动力需求暴增。温顺又勤恳的中国人,在西方殖民者看来是介于自由劳动者和奴隶之间的最好劳力,他们美其名曰"契约劳工"。

1840年鸦片战争之后,东南沿海地区的民众大规模出国谋生,达到平均每年10万人以上,累计出国人次超过千万,遍及世界各地,南洋地区最为集中,号称"海人到处,便有华人"。这些华人大部分是通过所谓"契约华工"的方式出国的。"契约华工",是指华人"自愿"签订契约,应招到国外工作。事实上,这是西方殖民者为了美化其罪行的叫法。所谓的"契约"是在诱逼、暴力下签订的,几乎等同卖身契。

关于"猪仔"制度的起源,陈翰笙主编的《华工出国史料汇编第五辑》中写道:"华侨之向南移殖,远入十五世纪即已有之,顾其移殖之成为集团化,则始于十八世纪蒸汽发明以后,缘自是中南交通借轮船之运输,较前臻称便利。航程既短,往来日繁,华工之为生计或其他动机而向南移殖者,遂与日俱增。迨入十九世纪,各国严禁奴隶制度,而奴制成因则未根除,遂令资廉力强之华工为欧亚各国所需要,终致强制华工移殖之现象及猪仔贩卖制度为之产生,兹述其实情及产生经过。"

毫无人道的"猪仔"贩卖制度自19世纪开始,一直持续到20世纪中期才停止。《华工出国史料汇编第五辑》中将"猪仔"形容为:"人有人之生活,牛马有牛马之生活,生而为人,抑压之使屈就牛马之生活,其惨状可想。猪仔者,即人类之演此惨剧者也。"

"猪仔"遭受囚禁并随时受到死亡的威胁,历尽苦难折磨,被贩卖到东南亚、美洲、南非和澳洲等地作苦力。这些华工为西方殖民者垦荒、开矿、修筑铁路,他们吃苦耐劳,却饱受歧视与压迫,地位等同奴隶。

当年专门运输"猪仔"的船只号称"浮动地狱",许多"猪仔"在运输过程中死亡,有时死亡率将近一半,低者则约为百分之十。有的死于疾病，有的死于饥饿，有的死于虐待，有的不堪受辱选择自杀。即使顺利抵达，也是噩梦的开始。

根据史料记载，当他们乘坐各种式样的船到达南洋的中转站新加坡时，男女一律被要求脱光接受检查，如有一个被认为存在健康问题，整船的华人一律被送往荒山上隔离一到两星期。

19世纪初，英国占领新加坡后，面临着一个极为突出的问题：人口稀少，严重缺乏劳动力。英国殖民主义者解决这个难题的办法之一，就是大量地从印度和中国输入他们认为是最理想、最廉价的劳工。当时南洋各地以及广州、澳门、海口等地发展苦力贸易，称为"贩猪仔"或"猪仔买卖"。1829年10月23日的《新加坡报》记载："本季帆船运来的二千名中国人，很少留在本岛，几天后，在来阿、马六甲、槟榔屿等地从事贸易的舢板等船，即拥挤地载往邻近各埠，去胡椒、咖啡及槟榔垦殖园和锡矿中工作。很多人到爪哇的甘蔗和咖啡垦殖园去，又有许多人往婆罗洲及其他地方去淘取沙金。如果没有这些勤劳移民的企业精神，新加坡的贸易，恐将微不足道。"

英国掳掠中国劳工开发槟榔屿和新加坡的尝试，为其大规模贩卖华工进行殖民地开发积累了经验。被招进槟榔屿、新加坡以及马六甲等地的华工，为英国创造了惊人的利润。每一名华工在一年内便可生产超过拐运费用以及投资费用3倍以上价格的农产品。1860年7月11日，英国外交大臣在给驻外大使的信件中宣称："关于中国苦力的劳动效率是无须多说的，那已经为一切有过使用他们经验的人们所公认。"

到19世纪中期，英国更是借发动鸦片战争之机，打破了中国的"海禁"，打开了封锁人民出国的大门，使其掠夺中国劳工合法化，从而掀起了人类历史上继奴隶贸易之后又一场贩卖"猪仔"华工的贸易大潮。

贩卖华工的利润非常高，成为中外商人发财致富的捷径。各船主为此大量超载、滥载，造成海上华工大量死亡的悲剧。一个熟练的工匠，不论是铁匠、裁缝还是木匠，均可以卖到10~16元，一个苦力可以卖6~10元，一个贫弱有病的人可以卖3~4元。据估计，1876年苦力经纪人把一个苦力从中国招到新加坡的全部费用，包括在中国的食宿和招雇费用、船票钱在内，总计12~13元。苦力经纪人在新加坡出售这个苦力的价格常达 20~24 元,如果当时行情看涨,最高可以卖到 30~40 元,一般在 20 元左右。经纪人替劳工开销的实际费用不过 13 元,除去这个开销,剩下的全是经纪人的净利。

据不完全统计,1881—1930 年,约有 800 多万华人到达海峡殖民地,其中 70% 是猪仔,将近 600 万人,平均每年达 10 万多人。新加坡作为转运贩卖华工的中心,完全取代了槟榔屿早期的地位。这些华工充当了开发新加坡和马来西亚的先锋、奠基人和主力,为开发新加坡等地付出了艰辛的劳动并做出了巨大的牺牲,无论是在城市、港口、公路、铁路和其他公共建筑的建设中,还是在矿山、工厂和各种种植园,处处都洒下了华工的血汗,留下了他们永载史册的功绩。

"契约华工"出国后,很多黑心的种植园主和矿场主以票券或代用币来支付华工的工钱,这些代用币就是俗称的"猪仔钱"。"猪仔钱"只能在种植园主、矿场主开设的鸦片馆、赌馆、妓院和商店等场所使用,不具备市面流通性。这是种植园主和矿场主对劳工人身控制和经济剥削的卑鄙手段。

一般来说,"猪仔钱"通常印有不同种植园、矿场等的标志字号,形状多样,工艺上则有青花、青花釉里红、粉彩等品种。不同厂矿流通不同质地的"猪仔钱",如种植园用瓷钱,锡矿用锡片,糖厂用银纸,它们都起到代替货币的作用。根据相关学者的研究,通常情况下,猪仔与雇主所订立的合同期限为 3 年,每月工资约为 5 元,工资总计 180 元,其中 100 元由雇主代付给贩运者,当作预支,剩余的 80 元作为三年劳役期的零用钱。

中国近代民主革命的伟大先行者孙中山先生曾长期流亡海外,对"猪仔"的悲惨遭遇有着切身体会。孙中山在短短 3 个月的临时大总统任职期间颁布"严禁贩卖猪仔"临时大总统令:"今民国既成,亟应拯救以尊重人权,保全国体……今民国人民同享自由幸福,何忍侨民向隅不为援手。除令广东都督严行禁止猪仔出口外,合亟令行该部妥筹杜绝贩卖及保护侨民办法,务使博爱平等之义实力推行。切切此令。"此令向西方列强表明中国政府保护侨民的决心。

孙中山先生与华侨之间有着非常深厚的感情,海外华侨是孙中山革命事业强有力的参与者和支持者。他们一方面为革命捐款捐物,另一方面还直接为革命抛头颅、洒热血。孙中山曾多次赞誉"华侨为革命之母"。

　　一百多年前，在水巷口码头，"猪仔"贩卖随时可见。今天在水巷口等骑楼老街已然看不到所谓"猪仔馆""招工局"等专门贩卖"猪仔"的任何蛛丝马迹了，但是这段充满罪恶、毫无人性、与奴隶贩卖并无差别的悲惨历史不能被忘记，也不该被忘记。它是海南人当年下南洋的一段屈辱历史，让我们永远铭记，勿忘耻辱，为建设更富饶强大的祖国砥砺前行。

百年侨批

"北票南批"是中国近代商人在民间的两项伟大智慧创举。"北票"的发明者是著名的晋商,"南批"则由福建、广东和海南等地的海外华侨发明。晚清时期,特别是鸦片战争之后,中国内忧外患,社会动荡,包括海南岛在内的东南沿海地区经济萧条、民不聊生。为摆脱生存困境和生活压力,谋求财富和生机,这些地方出现了波澜壮阔、连绵不绝的"下南洋"海外移民潮。当时,大批海南人也从水巷口码头登船出发,踏浪海上,远渡重洋到南洋"淘金"。他们即使工作繁重、收入微薄,也不忘宗亲,稍有积蓄便寄回国内养老抚幼,若偶成巨富则回馈故里,支持祖乡。

为有效解决当时跨国信息传递、国际财富转移等问题,海外华侨以草根阶层的民间智慧和闯海人的创新精神创造出侨批,并成功将其发展成为兼具跨国金融、银行、邮政等功能的综合性行业。当年海口骑楼街区建造的大部分资金,就是海外华侨通过侨批的方式汇回国内。侨批伴随着海外华侨的足迹遍布世界各地,可谓有华侨的地方就有侨批。

何谓侨批?

侨批在闽南方言中又称侨信,闽南话将信称为"批"。侨批是银(或称侨汇)、信的合体,又称"银信""番批",是近代以来海外华侨主要通过民间机构寄给国内眷属的家书(信)和汇款(银)凭证的统称。海外华侨给家里寄回的侨批一般有内外信,里面的信纸是书信,外面的信封写明收寄人相关信息，同时直接写明附寄多少款项。

侨汇是海外华侨华人私人单向转移回国的财富，包括各类物品、金银制品、货币现金（现银）、汇兑资金等。其中各类物品、金银制品、货币现金（现银）一般通过携带、邮寄或托运回国。侨信是海外华侨与国内亲人之间的家书，下南洋的番客们远离故乡，只身闯荡，来到陌生的国度，努力工作，拼命赚钱，勤俭节约，稍有积蓄便向家里人报平安和寄回款项赡养亲人。

《潮州志》里有一段话是关于侨批起源的："溯批业之源起，乃由水客递变。昔年帆船渡洋一往复，辄须经岁，华侨信款率托寄于常川来往水客，其信函俗名曰'批'。"

侨批的内容与文字承载着海外华侨实业兴国、支持革命、捐款抗战的伟大精神，记录了在那个特殊的年代，人们用民间智慧顽强保障着金融通道的畅通，维护着海外与国内亲情的链接。侨批真实记载了

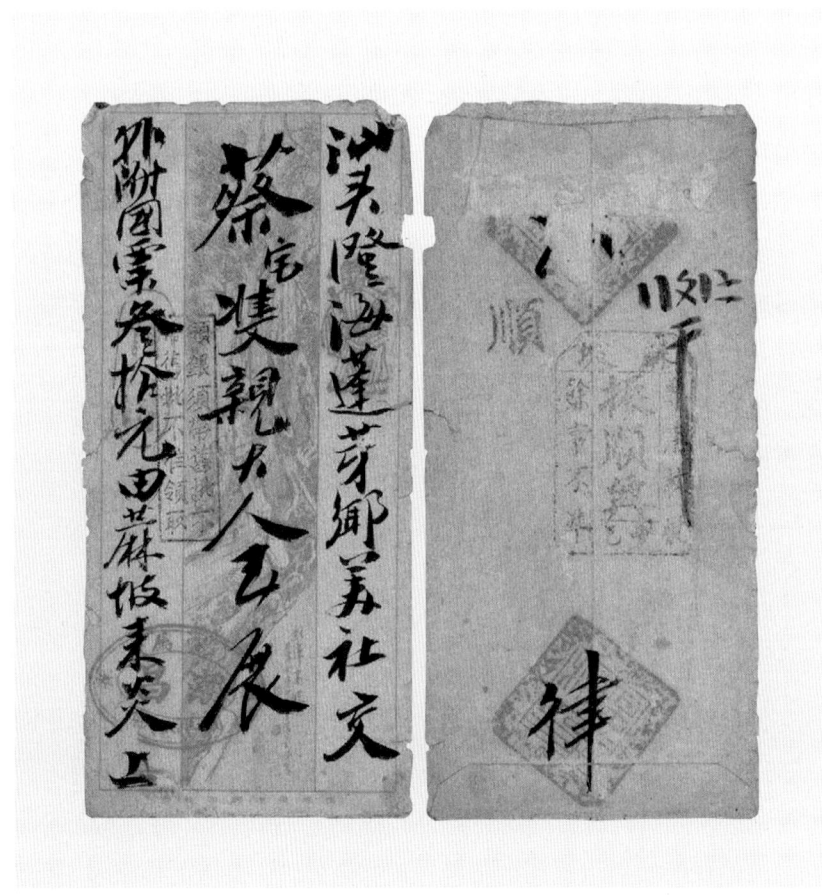

图 12
侨批一般分外信封和内书信，此图为外信封，内容主要包括寄信人和收信人的详细信息，同时会在上面直接写明随信寄回银钱金额

图 13
海外华侨寄回国内的书信

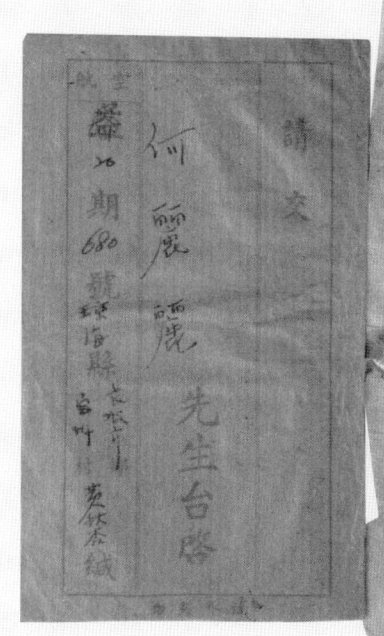
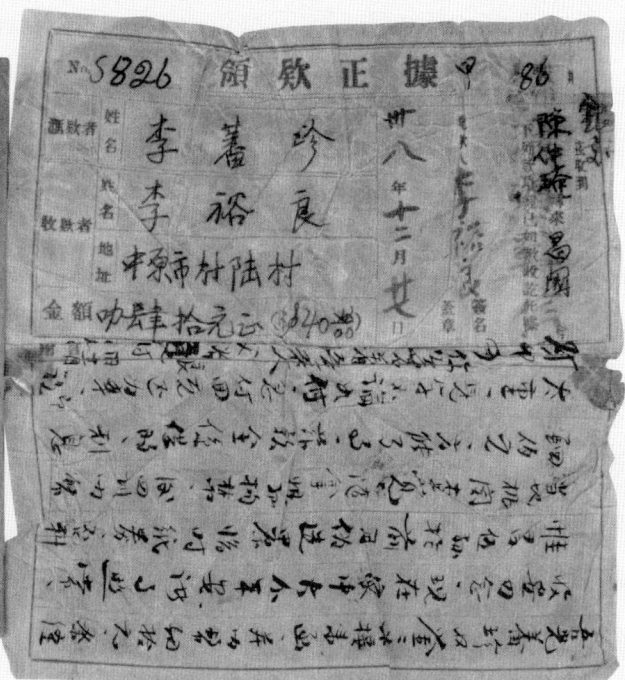
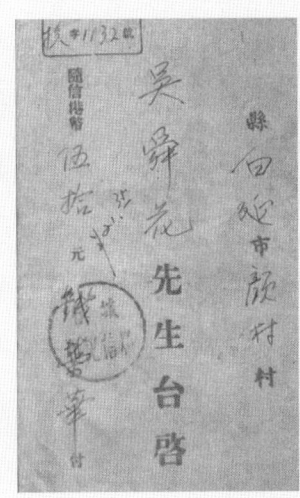
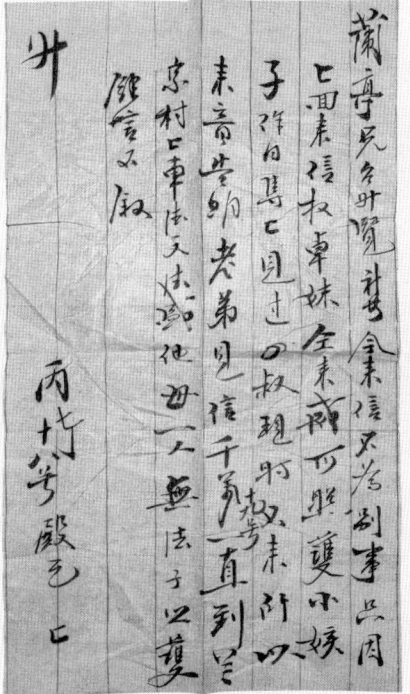

百年侨批

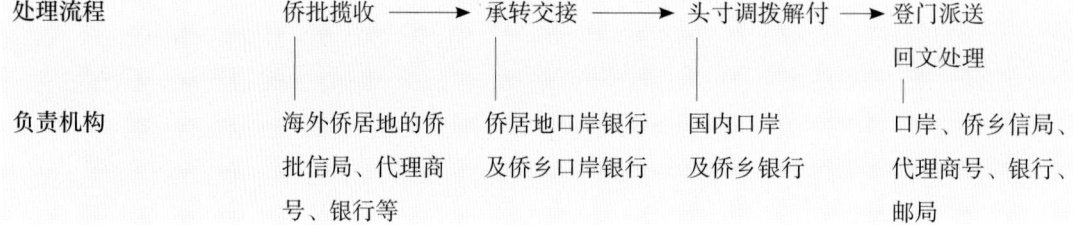

表 3.2
侨批流程图

海外侨胞艰难的闯荡史、创业史和浓厚的家国情怀，详细记录了侨批传递者——水客们讲信誉、守承诺的中华传统美德。

侨批业是一种集跨国邮政、快递和银行为一体的综合行业。其成形于晚清，兴盛于民国，消逝于 20 世纪 70 年代，时间跨度约两个世纪。现存的侨批主要产生在清末和民国时期。侨批主要寄出地是南洋，即东南亚地区，欧美和澳洲等地亦有侨批业务。国内侨批接收地主要包括海南岛在内的东南沿海大大小小的侨乡。

侨批业一经产生便表现出强大的生命力和市场需求，后随着侨批业务量的暴增和市场不断壮大，便有了专门从事侨批的机构——侨批局，又称批馆、批局、民信局等，属于民间金融和跨国快递的服务机构。1934 年，民国政府为了加强侨批业管理，将其统称为"批信局"。

海南岛侨批业的发展历史

中国近代史上的下南洋是重大的国际移民事件，也是国际移民史的重要组成部分，为世界经济发展与文化交流作出了巨大的贡献。而侨批则是这段历史的最重要见证之一，是当时华侨共同的集体记忆。侨批像"敦煌文书"一样，记录了近代华侨远渡重洋、海外创业的艰辛与不易，也佐证了中国草根阶层较早就有智慧创造出国际金融与邮政服务体系。海外华侨华人分布在全世界 100 多个国家，人数有几千万，大多居住在东南亚。与侨批相关的国家有新加坡、印度尼西亚、马来西亚等国家。侨批以独特的方式、朴素的语言记述了当时华侨出国和创业的真实经历，在国际移民史上有着独特的价值和重要的地位。

侨批诞生：海洋金融的见证物

民国陈铭枢在《海南岛志》中记载：

"海南人民，城市间有资者多营商，贫者出为人佣。村落僻县之民，则多致力于田亩间从事耕植，间有致富者，然多数仅能足衣食。近十余年来，地方不靖，乡间谋生不易，东北部之民，如文昌、琼东、乐会、万宁、琼山、定安、澄迈等县，乃竞向安南、暹罗、南洋群岛间经营农工商诸业，甚有往安南作佃农者。"

海上凶险，前途莫测，生死未卜，下南洋的番客们远离故乡，只身闯荡，稍有积蓄便想着留守家眷，最大的心愿就是向家里人报平安和寄回款项赡养亲人。但是当时国际邮政和金融服务都极为落后，番客们与家人隔着一望无际、无法逾越的汪洋大海，银钱和家书如何寄回考验着他们的智慧。

起初，这些下南洋谋生的番客们在彼此信任的同乡或熟悉的人员赶巧要回国时，便托其将银钱和家书一并带回。虽说这是一种熟人信任和人情托付，但是家人收到银钱和家书后，一般都会在感激之余给予一些酒资酬谢，久而久之酬谢的酒资也形成了一个约定俗成的价位。随着需要往回寄银钱和书信的人越来越多，有人发现这种酬资获利丰厚，便专门从事这门生意，人们称之为"水客"。

水客时代：国内侨乡与海外华人之间的"播音员"

水客又称"南洋客"，是往来于南洋和侨乡之间专门替华侨捎带信款的侨批派送员，因此"水客"也被称为侨乡百姓了解海外信息的"播音员"。他们大多身强力壮，甚至个别水客还稍懂武术。水客们一般直接携带外币和现银回国。当时中国尚处银本位时期，西方列强在亚洲实行殖民政策，像西班牙等列强的银币在东南亚和我国东南沿海地区都是通行货币，基本可以直接流通和使用。水客们有时也会用委托的批款顺便购买南洋商品回国贩卖，然后再将所得货款交给侨眷，这样就可以多赚一点钱，俗称"走水"。今天海南很多地方方言还将提成称为"抽水"或"打水"。

水客们频繁往来于侨乡和南洋，熟悉海路，后来他们又兼任带领

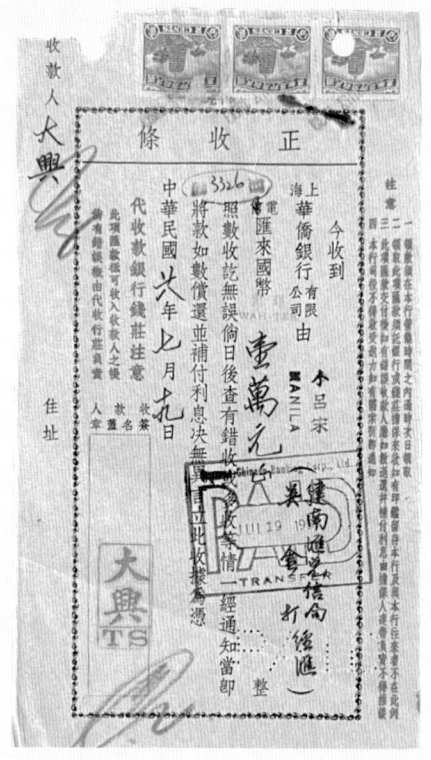

和介绍新人到南洋谋生的职业,俗称"客头"。

水客时期的侨批生意多为"走单帮"的一条龙服务,建立在地缘人脉关系和血缘亲情关系基础上,因此经营范围小、业务量有限,难成规模。随着出洋人数剧增,单兵作战的水客难以满足华侨们的业务需求。

据统计,从1876年至1908年,出洋的琼侨总人数超过45万人次,平均每年有1万余人次出洋。而民国时期,琼岛远游之风益盛,其中文昌人居多。这些海南华侨在国外大多从事与种植、运输等行业有关的苦力劳动,还有部分人是开杂货店、小饭店、咖啡馆的小商贩,或者充当理发师等。他们工作辛苦、收入微薄,但仍积少成多,寄款回国,赡养亲人。

在众多出洋谋生的海南人当中,部分人充当起水客的角色,其中最有名的有4位:张云吉、张运显、庄家就和陈寿卿,前3位是文昌人,陈寿卿是定安人。海南人到泰国和新加坡比较多,所以这四人就常来往于海南和泰国、新加坡之间。易春在《海口私营侨批业的产生与变化》中对上述四位水客的经营范围描述如下:"以通汇生意行商,在侨居地利用侨汇购买大米、棉花等货物,运回国内市场销售后解付给侨眷;回侨居地时组织海南土特产如葵扇、琼剧剧本到侨居地出卖。"

琼剧是一种海南土戏,以闽南话演变而来的琼文音演唱。作为地方戏剧,它是海南移民社会的产物。移民到海南岛的闽南人承传宋元南戏的弋阳腔,再与以梆簧腔为基础的粤剧进行融合,吸收了黎苗歌舞的一些唱法后,最终才发展出独具一格的琼剧,深受海南人民喜欢,在东南亚一带也颇有影响力。

信局时代:侨批业的鼎盛

水客携带银钱和家书是侨批业的萌芽。在出洋由帆船时代向轮船时代过渡后,作为仅次于福建和广东的第三大侨乡,海南出洋华侨不断增多,尤其是被西方列强以"契约华工"的方式招至东南亚地区的劳工数量猛增,水客单兵作战的侨批业模式已难以满足侨批市场需求。而且水客只身漂洋过海,长途携带巨款,极不安全,一有闪失,银信全无,可谓损失惨重。根据史料记载,海南岛周边海域还时有海盗出没,劫掠之事时有发生,个人显然难以应对这种系统性困难

图14
拍摄于海南省档案馆的侨批条据及家书信件

与危险。

在此背景下，一些资源多、人脉广、业务好的水客便开始整合人脉和资源，组建专门机构经营侨批。一些华侨开设的商店和客栈利用先天优势也兼营或转型经营侨批，在海河口岸设立大大小小的分店和代理点。这些有固定经营场所、明确业务范围、人员分工合作和海外国内网络的机构，有能力定期有序收集、整理、押送和传递侨批，因此称之为侨批局，又称银信局、信局及批馆等。

根据《海口市志》的记载，第一家侨批局是清光绪八年（1882）在海口成立的，虽具体商号、所在街道均无从查证，但是从侨批局一般选址在海河商埠集中、人员往来密集的交通枢纽之地来看，这家侨批局应该在水巷口一带。这里既是贸易重地、渡口码头，又是人员出洋归国的集散地，商铺林立。从海南侨批业的起源和整体发展来看，海口是海南岛侨批业的发展源头和集汇中心。由南洋各地汇入海南岛的侨批，先寄到海口，再转送到各县镇，最终送达侨眷家中，海口因此成为海南岛侨批的总汇之地。

海南侨批业黄金时期：20世纪初至20世纪30年代

海南的侨批业相对福建和广东而言，起步晚、发展慢、规模小。海南华侨在海外经营的侨批局最初集中在新加坡和泰国这两个海南华侨人数较多的南洋国家。19世纪末20世纪初，海南华侨在新加坡经营的侨批局主要有裕成号和曹琪记号两家；当时的泰国共有58家侨批局，其中46家是汕头人经营的，另外12家则由海南人和其他地区的人经营。

20世纪初至20世纪30年代，随着海南华侨人数的急剧增长，

成立时间	商号	设立地址	开办人
1882年	无从查证	无从查证	无从查证
1900年	新加坡"泰兴号"批馆设立"元成利""美泰"分点	海口	陈寿卿
1903年	恒顺成	琼海	无从查证
1904年	富荣华	文昌	

表3.3
早期成立的侨批局，拉开了海南岛侨批业的序幕

海南侨批业得到迅速发展,迎来黄金发展时期。根据邢寒冬等学者的研究,1940年日本占领南洋之前,东南亚地区的海南侨批局从刚开始的2家发展到40家,如琼宝通、恒裕兴、人信壮合记、锦和号、锦泰隆、德和昌合记、联合公司等。此时,东南亚地区的海南侨批业发展达到顶峰。

在海南岛内,到1931年,海口已有泰昌隆、益日隆、平民栈、泰原、中民、阜成丰、荣安泰、信安、泰兴、信成、琼源通等23家侨批局。到1932年,文昌、琼海、琼山、那大等地都已设驳批店,以文昌、琼海两大侨乡最为发达。到20世纪30年代末,根据资料显示,当时海口的侨批局发展到55家之多,文昌的文城有11家,琼海的嘉积有10家,这是海南岛侨批业历史上的鼎盛时期。通过侨批寄回的银钱对当时海南岛的发展建设和人民生活的改善起到了关键性作用。从历史上看,这一时期也正是所谓的海口发展黄金时期。

根据《海南金融志》记载,20世纪初至30年代,海南侨汇年最高金额达2000余万元光银,即使在经济不景气时,最低也有五六百万元,一般情况下,年平均有1000万元左右。

中华人民共和国成立初期,国内物资紧缺,中央出台"服务侨胞,便利侨汇"政策,当时的海南行政区政府在每年侨汇10万美元以上、归侨和华侨较为集中的县市设立华侨商店或专柜,为华侨、侨眷提供生活必需品以及一些市面上较为短缺的特供商品。

侨批网络:国际海洋金融创新

侨批由最初的水客时代转入信局时代后,又引入银行的资源和力量开展合作,最终建立起国际海洋金融体系。侨批局一般在南洋群岛各首埠设有总局,各埠设分支局;国内在海口和厦门、汕头设有总局,下面各侨区设分支局。1887年,新加坡已有49家民信局,到20世纪初期,华侨民信局在新加坡已发展到近200家,平均每年的汇款额为2000万元。新加坡是东南亚与中国的中转站,是南洋各地的中枢地,苏门答腊岛、加里曼丹岛和爪哇岛等也以它为中心,侨批业十分发达,侨批局数量极多,形成了遍布南洋、香港、中国侨乡的侨批网络。

侨批网络极大加强了中国福建、广东、海南岛和东南亚的新加

坡、泰国、印尼和马来西亚等国家的城市、乡村之间的联系，让信息和钱物快速流通起来。可以说侨批业构建了近代亚洲跨国海洋贸易网络和国际财富转移体系。

在侨批业史上曾经出现过闽帮、潮（潮汕）帮、客家帮、广府帮和琼（海南）帮五大帮。其中闽帮和潮帮最为兴盛和强大，著名的侨批局天一信就是闽帮。1887年，新加坡已有的49家民信局中，潮帮占34家，闽帮占12家，客家帮占2家，广府帮占1家。当时的海南岛虽然隶属广东，但因海南孤悬海外，地理上自成体系，故有琼帮之说。琼帮的力量不容小觑，比如，1939年，新加坡的闽帮侨批局增加到42家，在各帮中位居第一，而同年琼帮侨批局为37家，潮帮18家，广府帮5家，客家帮4家。

侨批里的家国情怀

从家族和家庭的视角来看，早期华侨出国，绝大多数是因生计所迫，不得不抛妻别子，离开父母兄弟，单身只影，远涉重洋。而当他

图15（左上）
1899年英国贸易银元壹圆银币

图16（右上）
1906年孙中山向华侨募款的百元面值债票

图17（左下）
民国二年（1913）中国银行琼州分号发行的兑换券

图18（右下）
民国时期的邮票

图19
博爱路上的裕安泰信局，毗邻水巷口

们生活有了着落后，就希望传递音信回家报平安，同时也希望将自己辛苦劳作、得来不易的血汗钱托寄回家，补贴家用或偿还出洋前向他人所借的交通费用。

冒险下南洋谋生的华侨肩负着赡养故里亲人、改变家族状况的重任，寄回的银钱从小里说使家人得以维持生计、改善生活，往大里说则是侨乡的经济血脉。一些特别精明能干、发达了的华侨成为当地的企业家，他们往往寄回巨资，在国内兴办实业。据相关数据统计，在第二次世界大战前，海外侨汇用于赡养故里宗亲的约占总额的85%，这个数据在第二次世界大战后更是占到90%，而兴办实业或储蓄等其他目的约占15%，显示了当年在海外打拼的华侨顾家养家的责任担当。

随侨批一起寄回的书信则是维系海外华侨与国内亲人亲情与血缘的纽带，每封侨批都包含了侨胞对亲人的思念、牵挂和责任，也是侨乡民众了解海外打拼亲人情况的晴雨表。侨批款项和书信内容充分反映了华侨忠孝信义的中华传统道德精神、宗族观念和家国情怀。

我国南方特别是东南沿海地区，山地多、耕地少，这对于一个农耕社会而言显然是不利的条件。所以在地少人多的东南沿海地区，同乡、同姓、同族聚集居住的现象尤为明显。特别是在航海技术较为落后的古代，与农业活动比较起来，需要在海上活动的渔业与海外贸易，其危险性要高得多，这就需要彼此高度信任，与熟悉的人共同完成。因此，闽粤地区的宗族观念极强，极为重视宗祠建设和祭祀传承，同宗同族讲究一荣俱荣，一人发达，全家受益。

从国家层面来分析，海外华人在封建王朝时代往往被统治者视为"弃民"。在近代他们饱受西方殖民者的迫害、压榨，激发了他们的民族意识、团体意识和爱国情怀。一些创业成功、事业发达的华侨十分关注和关心家乡的建设与发展。近代以来，华南侨乡的诸种建设，举凡修筑铁路公路、兴办学校医院、投资工商、兴建圩镇，都离不开侨胞的贡献。

辛亥革命之后，海外华侨长期生活在国外，国际视野开阔，新思想、新观念使得他们的公民意识和民族意识、国家意识不断觉醒，不同方言、不同地方的华侨为了抵抗日寇，保家卫国，打破了原先狭隘的地缘和血缘观念，由"家乡认同"转向了"国家认同"。孙中山先生称"华侨是革命之母"。

1937年10月，爱国华侨在马来西亚槟榔屿华侨筹赈会发表《劝募长期月捐宣言》：

"前线健儿的责任是长期抗战，我们海外侨胞的责任是长期助赈。……抗日一日不停，我们的月捐也就不断缴下去，直到民族得到解放为止。"

整个抗战期间，海外华侨支持抗日救国和赈灾救国所捐献款项之多、数量之大，实属难计，这些款项很多就是通过侨批、侨汇等方式送到国内的。

为了源源不断地向祖国捐款抗战，各国海外华侨普遍实行了每月义捐筹集一定数额款项的办法。此外，他们还发起各种专项捐献，如航空捐等，名目众多。据陈嘉庚所著《南侨回忆录》统计数字显示：太平洋战争爆发前，海外各地华侨逐月义捐支援抗战款项1350万元国币。

从1938年10月至1941年12月，为支援抗战，在南洋成立的南侨总会通过号召各地华侨赈灾，每月平均捐献的款额达734万元国币，为世界五大洲华侨月捐之首。

据杨国标等所著《美国华侨史》记载，1937—1945年间，仅广东籍美国华侨就捐献了约2亿美元。

1932年，一·二八淞沪抗战爆发后，美国旧金山华侨20多天就电汇100万美元给十九路军。

南侨总会统计，华侨抗日捐款80%以上来自月捐，正如《华侨先锋》杂志中所说，"是由那些日夜在油烟蒸沸的餐馆厨房、洗衣馆、农场和各个工厂、商店里的侨胞，捐集而来"。

1938年9月，新加坡8000名人力车夫通过决议：每日每车捐资，每月每人再捐。当时的《星岛日报》（香港）报道称："人力车夫是华侨社会的无产者，所得尚不足赡养家室。然而从祖国神圣抗战以来，爱国之殷，绝不后人，捐款购债，颇为努力。"

除了月捐，华侨们还有其他各种募捐方式。新加坡侨校学生联合会为筹款制定"节约信条"，包括节约日常牛奶、饼干和饭菜费用，连袜子也要省去。还有"南侨总会"发起卖花捐,那时大街小巷都响起卖花声:"买了花,救国家!"侨胞们都以襟上插花为荣。

朱文、张茜翼所写的《海南人追忆"琼侨回乡服务团"归国抗日往事》一文中提到:"抗战爆发后,海南华侨有钱出钱,有力出力。"据不完全统计,仅1939年4月至10月,"南洋各属琼州会馆联合会救济琼崖难民会"收到马来西亚各埠分会救乡捐款就有港币46 381.75元、叻币41 020.18元、国币15 000元。"这些用血汗写就的数字,成为琼崖革命坚持长期持久抗战的重要物资补充。"

1939年2月,日寇铁蹄踏上海南岛。海南华侨王兆松联合其他琼崖华侨积极捐资,支持国内抗日战争,期间他还积极捐款建设了家乡的多所学校。

大量的侨批是中国人走向远洋留下的"敦煌文书",从这些侨批当中,我们看到了较早走向远洋、跨出国门,向世界讲述中国故事、传递中国文化的群体。侨批体现了近代史上海外华侨的家国情怀,记录了华侨们在辛亥革命、抗日战争及实业兴国中爱国建国、爱乡建乡的伟大事迹,呈现出海外华侨家国同构的价值取向。

侨批的历史贡献与文化意义

第一,建立近代国际金融与邮政服务体系。

鸦片战争之前,作为农耕文明,中国广大农村仍然处于自供自给、以物易物的交换状态,人们普遍没有商业思维,商业意识淡薄。但是鸦片战争之后,西方列强的坚船利炮打开了中国大门,东南沿海涌现出下南洋热潮,东西方文明也因此在殖民地发生碰撞。水客在代理华侨财富跨国转移的过程中发明侨批,满足了大多数人寄汇银信"额小量大"的需求,毕竟巨富者是极少数。

萌芽时期的侨批,大都由水客携带,传递周期长、效率低、规模小。后随着海外华侨经济实力不断增强,侨批行业进入信局时代和跨国网络时代。据统计,20世纪初期,华侨的侨汇额度每年约有2亿银元,到1936年便超过3亿银元。如此巨额的财富自然也成为各方势力觊觎的对象。1896年清政府正式开办的邮政加入万国邮政后,就强行要求侨批必须装成总包,并付足邮资由清政府的官方邮政寄递,且不断提高总包邮费。民国时期,孔祥熙建立邮政汇兑机构时,企图吞并国内外侨批局,但因其具有诸多特殊功能,只能于1934年强行将侨批局改名为批信局,并要求每年申领执照才准予经营。但是民间的侨批局经受住了各种打击和压制,顽强地发挥着其不可替代的作用。

原因很简单,由民间智慧创造的侨批业手段灵活多变,服务周到暖心,这是官方金融机构无法超越和复制的。比如,官方或国外银行等金融机构一般只在大城市和通商口岸设立办事机构和营业地,而侨汇当中大多数是小额汇款,寄款人和收款人很多时候居住在偏远地区或小镇乡村,这就需要登门办理、上门收批等。显然,民间的侨批局更具优势,他们不仅服务态度好,而且分号网络遍及山区小岛。民间侨批还有代念书信和代写书信的服务,这对一些穷乡僻壤的侨乡来说就更具有吸引力了。

《中华民国十年邮政事务总论》中的《置邮溯源》记载:民间侨批局"处理信件以速著称,轮船还没下锚前,信件已搬到小驳船上向岸划去,信局人在舟中便开始分拣信件,远在正规邮件之前,妥投到收件人手中去"。

民间侨批局的出现,不仅为海外华侨与国内侨乡提供银钱与书信的传递,而且它打破了以银行为代表的外国资本在近代中国的垄断局面。自19世纪中期开始,西方资本同其殖民扩张政策扩展到东南亚地区和我国各大通商口岸。像天一信局这样实力强大的民间信局以及华资银行或中资银行,经政府准许可以办理国际汇兑后,逐步建立了自身的国际汇兑体系。且在鸦片战争之后,中国白银大量外流,国家外汇不足,侨批中的汇款不仅用于赡养国内亲人,而且极大地补充了贸易外汇收入。这对于弥补当时中国国际贸易逆差、保障近代中国国际收支平衡发挥了相当大的作用。

第二,侨批支持了侨乡建设与保家卫国的壮举。

闽粤沿海地区,特别是海南岛远离中原,生存环境和生产、生活方式与中原地区差异极大。他们长期以舟为马,以海为生,漂洋过海,造就了敢闯敢拼的冒险精神和宽广开放的国际视野。海外华侨是中国近代较早亲身观察和体验西方列强进步思想、创新制度和先进技术的群体。无数的华侨以开放、包容的胸怀学习和吸纳国外文明与科技，他们通过侨汇等向国内提供兴办实业的资金，推动积贫积弱的中国与世界先进产业、科技接轨。

抗战时期，海外华侨更是立下汗马功劳。资料显示，1937—1940年间，华侨汇回国的各种捐款就达到20亿（国内法定币），平均每月6000万元，占当时全国军费开支的85%。

在近代，通过侨批汇回国内的海外华侨汇款，不仅是侨乡侨眷们生活和生计的主要经济来源，极大地改善了他们的生活条件，也是侨乡地方经济发展的重要支持力量和社会变迁的重要影响因素，而且有力支持了中国近代民族革命，功不可没。可以说，没有海外华侨的经济支持，就没有近代海口百年商脉的延续，更不可能形成百年骑楼商业街区。

20世纪30年代，社会学家陈达在《南洋华侨与闽粤社会》里指出闽粤华侨"在南洋所获得的深刻而悠久的经验，使他们的思想和行为，逐渐顾到社会的利益；使他们由兹兹为利的私自观念，转变到为大众谋幸福的社会观念；使他们的目光放得远大，乐于经营或建设祖国的乡村与市镇"。

第三，侨批见证了华侨是家国同构的儒家价值观实践者。

侨批虽已退出历史舞台，但那些陈旧而古老的信件，及其背后难以磨灭的故事，见证了海外华侨努力拼搏、艰苦创业的坚韧毅力，体现了他们心系故里、造福祖国的家国情怀，同时也反映出中国人骨子里的"仁、义、礼、智、信"的儒家价值观念。

2013年，"中国侨批档案——海外华侨银信"被联合国教科文组织列入《世界记忆名录》，它见证了华侨的海外奋斗史，也见证了侨商的诚信，是人类共同的记忆财富。

海南与东南亚

住蕃和压冬是指早期中国人到海外贸易,因错过季风无法及时归国而留在国外;峇峇娘惹是指海外华人和马来人所生的后裔,男性称为峇峇,女性称为娘惹;华侨是"海外中国人"的俗称。这些词在海南等侨乡广为人知,它的使用与流行,从侧面反映出海南与东南亚密切的交往和互动。

住蕃和压冬

工业革命以前,人类航海需要借助和利用自然的力量,比如季风。中国古人经过长年累月的观察和经验总结,发现海洋存在规律性的季风。早期的航海就利用了季风的规律:从事海外贸易的海商,每年从海南岛前往南洋的船只,必须在冬季乘着东北季风顺风而下;反之,从南洋归岛的船只,则要在东南亚等待季风转变风向,也就是第二年的夏季出现西南季风时,才能随风航行归来。倘若因为贸易耽误或其他原因错过了返回的西南季风,就不得不在当地寓居,继续进行商贸活动,古时人们将这种情况称为"住蕃"或"压冬"。

"住蕃"或"压冬"现象,除了海南岛,其他东南沿海地区也普遍存在。其中也有部分人长期在南洋"住蕃"或"压冬",甚至是定居下来,这些人最后演变成为最早的华侨。

宋代朱彧在《萍州可谈》中记载:"北人过海外,是岁不还者,谓之'住蕃'。"根据史料的记载,一些科举考试落榜的文人墨客、刑满释放的罪犯,或是朝廷的低层小吏也会搭乘商船前往海外,并在海外寓居一段时间，称之为"住冬"。这些远渡重洋的人，也有一部分冬天过后没有及时回国，继续在海外久居数年，还有人在当地娶妻生子，老死南洋。

明代初期，郑和船队下西洋曾抵达今天印尼的爪哇岛，他们在爪哇岛东部的锦石（Gresik）看到有来自闽粤地区的千余户中国人。这些人不是明朝初年移居到爪哇岛的，而是元朝时就移民至此的商贾和渔民后代。

研究东南亚历史还会发现，历史上，南洋许多地方的土著政权因为仰慕中国文化和中国技艺，十分喜欢与中国人交往，也欢迎中国人到当地生活，甚至为中国商人提供许多优惠的待遇，这些也是早期东南沿海民众移民南洋的关键性外部拉力。宋代以后，甚至有不少闽商应邀成为安南王朝的官员。宋代范成大在《桂海虞衡志》中记载："其人少通文墨，闽人附海舶往者，必厚遇之，因命之官，咨以决事。"

事实上，在西方殖民者入侵东南亚之前，海外华侨胼手胝足，筚路蓝缕，历尽艰辛，一直是这些地区经济发展、社会建设和文化传承的主导者，为东南亚开发与建设作出了突出贡献。

峇峇娘惹

在水巷口等骑楼历史文化街区，有各式各样的美食，主打娘惹菜的南洋餐馆是当地特色。娘惹美食是南洋土生华人族群的伟大创造，主要流行于东南亚，也深受华侨喜爱。要了解娘惹菜，得从峇峇和娘惹这两个词说起。

峇峇娘惹（Baba—Nyonya），一般是指从明代初期开始，移居到满剌伽（马六甲）、满者伯夷国（印尼）和室利佛逝国（新加坡）一带的海外华人的后裔。具体来说，与当年郑和下西洋有关。明代，在永乐大帝的全力支持下，郑和七次下西洋，他率领的庞大船队曾五次到达马六甲，属下人数超过万人，他们当中有一些人留在当地定居，并和当地土著通婚。后来，人们将这种跨国婚姻生下的孩子男性称为"峇峇"（Baba），女性称为"娘惹"（Nyonya，或 Nonya），主要分布在今天的新加坡、马来西亚、印度尼西亚等地。

由此可见，峇峇娘惹是由海外华人和马来人所生的后裔形成的族群。从他们的语言文字、饮食传统及习俗信仰等方面可以看出，历史上海南与东南亚有着紧密的互动，推进了两地的文化交融。

事实上，"峇峇娘惹"这一族群的来源，可以追溯到更早的年代。秦汉时期便有中国人移居南洋，宋代以后就开始出现华侨社区，这些定居南洋的华侨有一部分人再没有返回中国，他们当中也有人娶了当地的马来女子，其后代就是最早的"峇峇"和"娘惹"。只是因为当时年代久远，缺乏可考记录。

从语言学的角度来分析，"Baba"一词有多种说法：《道格拉斯闽语字典》对 Baba 的定义是来自海峡殖民地的混血华人，有学者却认为该词源自 Bapa，是马来人对华人的尊称，后演变为马来人对华人的通称，再后来特指"混血男性华人"。也有学者认为 Baba 是孟加拉国土话，原用于称呼欧洲籍的儿童，印加人来到马来半岛后，把华人儿童也称为 Baba。

今天，在马来西亚的华人娶马来人为妻，他们的孩子已不再叫作峇峇娘惹了。峇峇和娘惹已成为一个历史时代的传奇和文化符号。

海外华侨：海南岛发展的开拓者、引领者和推动者

何谓华侨？老一代著名社会学家陈达在《南洋华侨与闽粤社会》中写道："凡由中国迁出者谓之'迁民'，在居留地生长谓之'侨生'。凡南洋的华侨社会实包括'迁民'及'侨生'，或总称为'海外中国人'，或简称为'中国人'。"在陈达看来，华侨就是"海外中国人"的俗称。

陈铭枢在《海南岛志》中写道："海南人民习于航海，故侨居国外者多。民国以来，远游之风益盛，其久客致巨富者殊不乏人。……其所至之地，曼谷、新加坡、香港三埠最众，海防、爪哇及马来半岛一带次之。所营以旅馆、酒肆、茶室、制鞋、缝衣诸业为特夥，而植树胶、营航运获巨利者亦有数人。所至能自成风气，笃于乡土观念，

团体之力颇强。"

海南人在南洋谋生大多以洋工、胶工或杂工为主，属于边缘性工作，比如饭店的厨师、咖啡馆的伙计、走街串巷的贩夫、洋人家里的佣人和种植园的工人等。当年的南洋流传着海南人靠"三把刀"为生，即理发匠的剃刀、厨师的菜刀和裁缝的剪刀。

华侨虽然长期移居海外，但是他们具有强烈的家国情怀，热爱故土。在海南地方政治、经济、文化发展史上，华侨的作用不容忽视。特别是清末至民国时期，华侨是海南岛开发建设的开拓者，开埠通商的引领者，社会变革的推动者。在移居国，海南华侨也是当地社会发展的重要组成力量。

海南华侨对海南社会发展，乃至中国社会发展，其作用之大要远远超乎我们的想象。举一例为证。今天人们可以开着汽车上路要归功于橡胶，橡胶对近代人类社会的影响怎么形容都不为过。但是橡胶树原产地是美洲，由海南华侨率先将其引进海南岛并成功种植。

19世纪以前，橡胶被视为巴西的"国宝"，巴西的殖民统治者葡萄牙人严禁橡胶种子出口，通过对橡胶贸易的垄断获得巨额利润。橡胶作为一种经济价值很高的作物进行大规模的商业性种植，华侨当属首功。1894年，被誉为"橡胶种植之父"的林文庆组织联华橡胶种植有限公司，在新加坡购置4000英亩土地开始种植橡胶。1896年，另一名叫陈济轩的华侨在林文庆的鼓励下，在马六甲试种橡胶获得成功，信心大增。陈济轩后又投资20万元，垦地5000多英亩，种植了50万株橡胶，建成了马来西亚第一个商业性橡胶种植园，掀开了马来西亚橡胶种植业历史的第一页。

1903年以前，中国还没有橡胶树。一年后，云南傣族土司刀安仁从新加坡购买8000多株橡胶苗带回国，在盈江县凤凰山种植，但效果不理想。中华人民共和国成立后专门成立调查组调查这批树苗，结果发现只存活下来2株。真正将橡胶引进中国并成功种植，要归功于海南籍马来西亚归侨何麟书。

何麟书，原名何世阁，字麟书，1863年出生于今海南省琼海市博鳌镇中南村。何麟书少年家境贫困，读过几年私塾。清光绪五年（1879），年仅16岁的何麟书，新婚不久便辞别家人随乡亲远渡重洋到马来西亚闯荡。初来乍到的他，无一技之长，起初只能在咖啡馆当

图20
华侨证

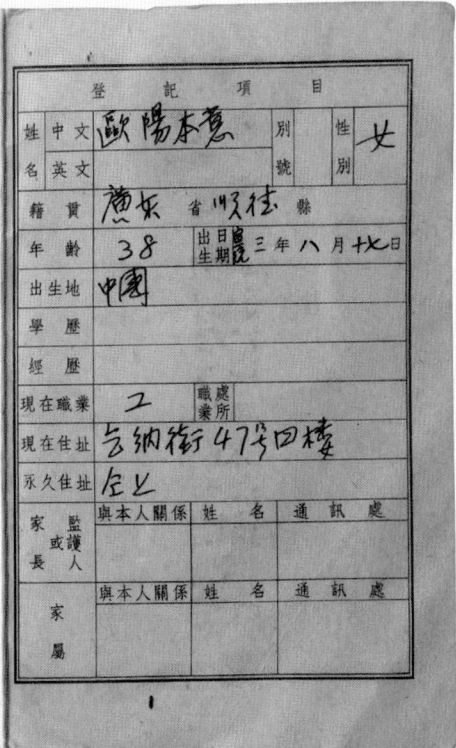

海南与东南亚

伙计。咖啡馆的工作极为辛苦，何麟书每天在店里不仅要招呼客人、洗碗涮碟，还要研磨咖啡。而咖啡馆是一个具有社交功能的场所，这里汇集着各类资讯。何麟书从各色客人那里听到很多信息，包括招工的消息，他开始寻找新的工作。当时的马来西亚采锡业十分发达，聪明勤奋的何麟书便与人合办采锡厂，后经琼海老乡介绍，他又到一家外国财团经办的橡胶园工作，从胶工做起，因精明能干升任业务经理。这段工作经历为何麟书后来的橡胶事业奠定了基础。在橡胶园工作期间，何麟书不仅掌握了橡胶的栽培、割胶、管理等技术与经验，而且颇具经商头脑的他意识到橡胶具有较高的经济价值。

光绪三十年（1904），何麟书回海南考察。他发现海南岛的气候和马来西亚极其相似，土地同样肥沃，因此坚信在海南岛种植橡胶一定能成功。何麟书在当时乐会县（今琼海市）政府支持下，在崇文乡合口湾一带，即今琼海市国营东太农场试植橡胶。两年后，何麟书通过一些琼籍侨商筹集到 5000 银元，突破当时英国殖民当局严禁橡胶苗出口的壁垒，从马来西亚带回 4000 多粒橡胶种子，回到海南创办了我国第一家橡胶公司，名叫琼安垦务有限公司。

民国四年（1915），何麟书在海南种植的首批橡胶开始成功割胶，产胶量约 500 斤，到 1918 年以后采胶量达到了 18 000 斤左右，年收入约为 4200 银元，所产之胶主要向新加坡输出。何麟书种植橡胶的成功引发华侨回琼投资橡胶行业的热潮，从而推动海南橡胶垦殖行业形成气候，渐成规模。至今海南仍然流传着这样的说法：海南人的生计主要依靠三棵树，即橡胶树、槟榔树和椰子树。何麟书创办的琼安胶园被称为"第一胶园"，其本人也被誉为"中国橡胶垦殖之父"。

1933 年 8 月 11 日，中国橡胶事业的先驱——何麟书病逝于今天骑楼街区的何家大院，享年 70 岁。据相关资料记载，何麟书逝世后，灵柩被运回琼海老家，出殡当天，沿途村庄，百姓倾室而出，夹道送别，人群连绵不断，可见其影响力之大、威望之高、口碑之佳。

民国时期的学者记载："我国能产树胶之地，仅有琼崖一处……出洋华侨，在外日久，习知树胶之利，于是回琼崖试种者不乏其人。最初着手者，为乐会县之何麟书氏。于宣统二年（1910）自南洋带回树胶种子及秧苗，在定安县属之落河沟地方，开设琼安公司，辟地 250 亩，种植树胶数千株。至第四年始获发芽……何氏之试验即告成功,内地商人遂闻风兴起。如那大之侨植公司、石壁市之南兴公司、加赖园之茂兴公司、铁炉港之农发利公司,均先后向南洋购运种子回琼种植,结果颇为良好。"

中华人民共和国成立后,从1951年至1957年,海南岛共建立起48个橡胶农场,除中部山区之外,全岛几乎遍地是橡胶园,为我国的经济发展立下了汗马功劳。如今,橡胶与石油、钢铁、煤炭并称世界四大工业原料,同时也是现代战争不可缺少的战略物资。

因此,仅此橡胶一例,便足以证明海南华侨于国于乡,贡献极大。除橡胶树以外,今天在海南岛遍地可见的胡椒、咖啡、可可、香茅等热带作物,都是当年琼籍华侨敢于冒险,不辞劳苦,历尽艰辛从国外引进种子及种植技术造就的。

第四章 民众信俗

民众信俗是一种底层民众的精神信仰，有别于制度化的宗教信仰，其维系的是街坊乡村秩序，代表的是民众最朴素的利益诉求。因此，在人类学家看来，这种信俗是一种"小传统"，具有乡土文化的属性。就水巷口居民的信俗而言，北帝庙和天后宫是他们的精神信仰场所，北帝庙里供奉的玄天上帝是他们世代的共同记忆、地域的共同价值认同和移民的共同身份认可。因为有北帝庙及其信俗仪式的存在，水巷口的居民至今才铭记他们曾经同根同源。玄天上帝对他们来说，既是有求必应的神灵，也是他们精神上的"共同祖先"，可谓亦神亦祖。

同时，作为海口历史悠久的商埠，水巷口等骑楼街区临海面港，云集于此的官员、商人和百姓在历史的长河中始终需要面对出洋下海、到南洋谋生和经商求利过程中发生的各种风险和意外，他们把逢凶化吉、求财得福，以及对美好生活的希望寄托在神灵庇佑上，天后宫妈祖的英名和灵验是他们面对无常时的心灵寄托和情感慰藉。

北帝南下

北帝庙是水巷口的村庙,是水巷口居民共同的信仰与精神家园,也是他们祈愿美好生活和寻求祛灾避害的重要场所。至今,每逢神灵诞辰或重要节日,虔诚的居民仍然集聚于此,焚香拜神,祈福许愿。一般来说,宗教场所或民间乡野的庙宇都建立在平地上,但水巷口的北帝庙却架空而建,庙前两棵大树茂盛挺拔,外来之人路过此地,极难发现头顶有庙宇。或许是机缘巧合,在挖掘水巷口老字号故事的时候,笔者有幸结识了苏立武等几位热心的老居民,他们不仅讲述诸多

图1
水巷口两位老居民李亚历(中间)、苏立武(右)为作者讲述北帝庙的传说与来历

极为珍贵的旧闻趣事，而且讲解了很多北帝庙的传说与故事，为将水巷口北帝庙的来龙去脉和玄天上帝的民间信俗拼成一张完整的信息图提供了大量素材。

玄天上帝：真武的守境与镇海

水巷口村庙主祭之神为玄天上帝，即玄武大帝，俗称"真武大帝"。真武大帝原为中原地区道教神灵谱系里的北方守护神，因此，闽粤两地信众又称其为北方真武玄天上帝，简称"北帝"，这就是北帝庙的来源。

玄天上帝是北方的神祇，最初是先秦时期已形成的北方星宿神——玄武，形象为龟，汉代之后，逐渐演变成为"龟蛇"的形象。龟在中国传统文化里是长寿的代表，因此，玄武这个星宿之神便具有"司命"的神职，同时龟又生活在水中，水在五行上与玄武所在的北方正合，于是玄武有了"风雨"的神职。再则，北方素来边患频繁、战乱不断，玄武自然又兼备"战神"的角色。多种神职让玄武的地位越发尊崇，深受官方追捧。特别是宋代以来，为了应对北方游牧民族建立的政权，宋代的皇帝有意抬高玄武的地位，将真武信仰提升到国家信仰层面，并且由官方扶持在民间大规模推广，希望这尊"北方战神"能够护持江山国土。

真武信仰开始时主要出现在北方地区，但从唐代的安史之乱到宋代的靖康之难，北方人大举南迁，真武信仰也随人口迁移南下传入福建，最终在泉州兴盛起来。真武信仰传入福建泉州后，按照中国五行学说，北方属"水"，与东南沿海的海洋文化不谋而合、自然融通，所以，在海上贸易发达的泉州，人们赋予其镇海平波、守镇安民的功能，兼有海神的神职，建庙供奉。历史上，泉州曾经出现妈祖娘娘与真武大帝的海神信仰二元格局。

水巷口多位老居民在讲述过程中，都提及他们的先祖主要来自福建，因为打渔等原因迁移到此。相关史料也记载，最早在水巷口定居的居民多是福建籍，真武信仰伴随人口迁移渡海南下，在水巷口落地生根，这是水巷口村庙的主祭之神是真武大帝的最重要原因。

图2
北帝庙局部

此外,水巷口所处地理位置也是居民在此供奉真武大帝的重要因素。根据水巷口老居民的回忆,北帝庙曾经三易其地,最初庙址大概在今天紧临水巷口的长堤路的钟楼附近,后又搬迁到水巷口路临街的地方,"文革"期间被拆除。1999年,在政府的支持下,北帝庙又重新选址在今天的水巷口与长堤路之间,周边皆是民居。今年六十岁的李亚历大哥从小生活在水巷口,对北帝庙的历史颇为熟悉。据他讲述,北帝庙从水巷口街面搬迁到现址,整个过程极为不顺。因为资金有限,村民一开始重建的北帝庙较小,每次要搬迁的时候总是莫名其妙无法顺利进行,最后不了了之。后来政府提供了一些资金,将北帝庙修建得较为宽大,搬迁才得以顺利完成。为此,村民们认为这是玄天上帝显灵。李亚历大哥说,海口几乎每条老街都有类似村庙,但是水巷口的北帝庙是周边几条老街中唯一由政府提供部分资金修建的村庙。

值得注意的是,上述三处选址都临海依河。今天的北帝庙已经完全看不到水道,但是据老一辈居民的回忆,早年庙下的马路就是河道。

水巷口最早的居民是从福建迁移而来的渔民,他们以海为生。真武大帝本身就具备水神的属性,十分符合沿海民众的信仰需求,二者一拍即合。

真武大帝作为军事守护神的功能也是不可忽略的。与妈祖信仰极为不同,真武大帝信仰主导者是官方,其大规模推广是自上而下的,而妈祖信仰则是从底层民众中开始兴起,后被官方认可。两位神祇都深受底层民众敬奉,不过妈祖早在元代就信众遍布,真武大帝则到了明代才在全国范围内备受尊崇,关于此事明朝皇帝朱棣功莫大焉。明代皇帝将真武尊为北方军事守护神,特别是明成祖朱棣,在他发动靖难之役、夺取皇位的过程中,真武信仰发挥了重要的信仰作用和精神力量。后来,从朱棣开始,明朝历代皇帝都将真武大帝视为国运的守护神,他们不但在湖北武当山大规模兴建真武道场,而且还在皇宫里建造真武殿。在此背景下,明代边防将士也将真武大帝视为军事守护神。海口所的城墙正是明代开始修建的,根据史料的记载,水巷口供奉真武大帝的北帝庙离明代的海口所城较近,自然也就容易得到官方的认可和支持。

无论是从官方还是民间的角度来看,水巷口北帝庙里供奉的玄天上帝(真武大帝),都兼具守境、安民和镇海多种功能。水巷口自古以来,是一个临海面港的地方,正好需要脚踏龟蛇、法力无边的真武大帝镇住风浪、护佑海航,以保平安。

多神并存:故土的守望与眷恋

从长堤路拐入水巷口居民区,北帝庙就耸立在马路上空,庙前两棵大树挡住视线,如果不留意极难注意到马路上空还有一座庙宇。北帝庙采用仿古的建筑风格,主色调为红黄,庙门前的柱子有盘龙,这是民间庙宇对帝王级的神灵常用的建筑规格。值得一提的是,庙前的栏杆上挂着"老人之家"牌匾,是一位叫吴吉的先生所赠,时间为1999年,与北帝庙重建的时间一样。

北帝庙总面积为40余平方米,与海南众多村庙一样,水巷口的北帝庙是一个多神共祭的庙宇，除了主祭之神玄天上帝以外，里面还供奉着福德老爷、赵大元帅、华光大帝，共四位神灵。玄天上帝前文已作叙述，福德老爷作为土地之神，常被民间村落庙宇供奉，亦不难解释。但北帝庙里之所以供奉赵大元帅，或许与其财神身份关系极大。水巷口作为海口的海陆交通枢纽，商贾云集，是典型的商埠重地，人们敬奉财神再自然不过了。赵大元帅，原名赵公明，又称"黑虎玄坛赵元帅""赵玄坛"，是道教护法四帅之一，明代以后被道教奉为财神，信仰普及民间。

华光大帝又称五显华光大帝、华光尊皇、灵官马元帅、三眼灵光等，是中国民间信仰中常见的尊神。道教尊称为"正一灵官马元帅五显华光大帝太乙雷声不动天尊"，系道教护法四圣之一。相传他姓马名灵耀，因生有三只眼，所以中国民间又称"马王爷三只眼"。华光大帝是广东、福建等地重要的民间信仰神灵之一，据说有求则应，求男生男，求女得女，经商者外出获利，读书者金榜题名，农耕者五谷丰登。在海南，很多村落庙宇都将华光大帝作为重要祭祀神灵，尤其是由闽粤移民聚居发展而形成的村落。

每年庙里最重要的日子有五天：农历正月二十是行符之日，按照习俗抬神巡游，借助神威，保境安民；二月初二是福德老爷的诞辰日，福德老爷俗称"土地爷""土地公公""土帝君"等，因"造福乡里、德泽万民"而被称作福德正神；三月初三是玄天上帝诞辰日；三月十五是赵大元帅诞辰日；九月廿八是华光大帝诞辰日。

春节过后，海南各地开始举办"军坡""公期""婆期"等民俗活动，海口地区叫"行符"，即各村（坊）抬神游村，驱邪逐妖。水巷口、中山路、振东街等骑楼老街至今仍然保留着这种民俗活动。"行符"活动为期两天，第一天晚上"放灯"，第二天为正式"行符"日。

民间信俗：居民的初心与诉求

玄天上帝和华光大帝对水巷口居民而言，是世代的集体记忆和共同信仰，也是族群延续的文化基因。无论是古时的村落秩序，还是现在的邻里关系，这种民间俗神信仰都起到很好的黏合剂作用。

民间村落供奉之神，与官方庙宇祭祀之神最根本的区别是：底层民众往往将其所敬奉之神人格化，既赋予其神通广大、有求必应、排忧解难的功能，又希望他们洞察人间疾苦、知晓信众诉求、明辨是非、扬善止恶。信众将生活中喜怒哀乐的情绪通过祭祀仪式表达出来，希望能够得到神灵的倾听和主持公道，这是他们对生活的憧憬和对现实的抗争。

水巷口的村民将玄天上帝视为境主，即一方境界之主。在海南民众看来，特别是汉族地区，大多数村庄都有村落保护神。这些保护神既有官方赋予的保境安民的神灵功能，亦有民众敬为护佑子民的祖先角色，可谓亦神亦祖。这种民间信仰具有一定的底层逻辑、规范的信仰仪式和重要的教化功能，对于维系宗族、延续传统、凝聚民心等都发挥着极为重要的作用。

在探访北帝庙结束后，返回水巷口骑楼街道，经过居民小巷时，笔者无意间发现一间低矮的小庙紧挨居民楼而建，第一眼看到这个小庙时，以为是土地庙，旁边的村民却说不是。他们说这是石狗庙，低矮、狭小的庙中间供奉着一块石头，旁边是三尊小神像。村民们说，这块石头是他们父辈从海边捡回来祭拜的，原因何在？目的为何？他们现在也搞不清楚。但笔者认为，这表明在物质基础匮乏、科技条件落后的情况下，水巷口的先人们没有放弃对美好生活的追求，直面凶险万分的风浪，把初心与诉求寄托在神灵庇佑上。

无论是制度化的宗教，还是底层的信俗，不同的文明底色和文化内核使神灵呈现出不同功能、禀性和寄托。水巷口的居民从祖辈到现在，无论迁移何处，无论斗转星移，无论盛世乱年，他们都始终不忘初心，敬奉和祭祀玄天上帝和华光大帝，抑或从海边捡回一块他们认为具有灵性的石头建庙供奉，这是对故土的眷恋与思念，对地缘的延续与传承，对信仰的坚守与笃定，这就是乡土社会的底色与基因，也是我们先人在乘风破浪之中生生不息、开天辟地的重要密码。

图3
玄天上帝,即玄武大帝,俗称"真武大帝",其左脚踏龟,右脚踩蛇

图4
水巷口的石狗庙,供奉着早年间村民从海边捡回来的具有灵性的石头

海神妈祖

我国最古老的海神文化与信仰可以追溯到《山海经》里的"精卫填海",但深究这个神话故事,不难发现,大海在精卫看来是无法逾越的障碍,而不是充满希望的新领地和新世界,所以要把它填掉。精卫填海的神话或多或少反映出我们先人对海洋的态度是敬畏、忌惮,甚至是恐惧。中国人耳熟能详的海神还有《西游记》里写到的"四海龙王"。当然在江河湖海沿线的地区还有很多地方性海神。海南岛部分地区就有当地人信仰的海神,如水尾圣娘、木头公、三江晶信夫人等。在万宁市和乐镇一带的渔民信仰的海神是"石公",其原形据说是一块十分灵应的石头。

对于海边的人们而言,海洋是无常的。它可以波澜不惊,也可以巨浪滔天,可以平静安详,也可以风云莫测,可以让人们收获万千,也可以让人葬身鱼腹。大海给予勤劳出海的渔民和踏浪远洋的海商丰厚的回报,同时也带来无限的恐惧。面对随处可见的风险,人们渴望出现一位能够在海上救苦救难和掌握大海脾气的神通广大的海神。

早在元代,在闽籍海商财力的支持下,海口建造了两处重要的天后宫,一处在白沙津,另一处就是今天中山路的天后宫。中山路的天后宫与当时的官方渡口——水巷口毗邻而建。水巷口和中山路一带早年间是琼州府的官方渡口和繁华商埠,也见证了近代海口开埠的商业繁华和海南人闯南洋的辉煌历史。居住于此的居民和来自五湖四海的官人或海商都曾与大海有着千丝万缕的关系,他们虽然利益追求各异,但心理诉求却是一致的——希望海面风平浪静,遇到灾厄能够化险为夷。

按照中国的宗教文化和习惯,无论是佛教还是道教,其寺庙一般

图5
位于中山路的天后宫门楼。天后宫是海口最早的妈祖庙之一

图 6

骑楼街区是历史上繁荣的商业贸易中心,共有天后宫两处,一处在水巷口的福州会馆,早年间已被拆除;另一处在中山路。天后宫建成之后,借助妈祖鼎盛的香火,凝聚起兴旺的人气,形成早期古代海口的经济发展原点和信仰中心

都选择建造在深山或密林当中,远离世俗纷扰。妈祖庙却大多选择在口岸城市最繁华的地方,依海而建,临港而设。自其建成之后,海口逐渐形成以天后宫为原点的核心商业圈和主要居民区,这里汇聚了形形色色的人——官员、海商、渔民以及闽南移民,他们各自的利益诉求都能在妈祖信仰中得到回应。可以说是先有海口港和妈祖信仰,后有海口。天后宫见证了海口的历史变迁与时代发展,在海口历史上具有空间地标作用。天后宫建庙的选址显然是海南地方官员与海商有意为之,双方完成建庙后,便联手举办正式祀典祭祀妈祖,提升其在岛内的影响力,使其最终压过原有的海神成为岛内的共同海神。

妈祖神格化历程

妈祖,又称天妃、天后、天上圣母,是宋代以来上到帝皇、官员,下至海商、渔民都虔诚信奉的最著名海上女神。供奉妈祖的庙宇一般称为"天后宫""天后庙",民间也称妈祖庙。妈祖信仰肇于宋、成于元、兴于明、盛于清、繁荣于近现代,在我国沿海地区、内陆河道,以及世界各地华侨聚集的商埠广泛分布,其影响力遍及多个国家和地区,可谓"有海水处有华人,华人到处有妈祖"。妈祖信仰的起源地是福建莆田,宋代实施开洋裕国政策,妈祖信仰在泉州形成传播中心,向福建、广东、台湾、海南等地扩散。后在历朝历代皇权的册封、官员的支持、海商的热捧和渔民的信奉下,以闽南移民为主的传播力量,将妈祖英名传颂海内外。2009年,妈祖信俗被联合国教科文组织正式列入世界非物质文化遗产,这是我国首个信俗类世界遗产。妈祖信仰也因此成为海内外华人的共有精神财富。现在世界许多国家和地区都可以看到妈祖庙,可谓香火遍地。

源于民间

清代赵翼在《陔余丛考》中提到:

"江汉间操舟者,率奉天妃,而海上尤盛。……台湾往来,神迹尤着,土人呼为妈祖。倘遇风浪危急,呼妈祖,则神披发而来,其效立应。若呼天妃,则神必冠帔而至,恐稽时刻。妈祖云者,盖闽人在母家之称也。"

妈祖是福建地区对年长妇女的亲切叫法,事实上民间百姓也常以妈、姑、婆等俗称女性神明,以示亲近,如此一来还能与神灵搭上宗亲关系。"祖"字在民间则有"祖先"之意,现在莆田一带林姓族人仍称呼妈祖为"姑婆祖"或"姑祖母",台湾尊称为"天上圣母"。民间百姓称呼妈祖,是因为在他们看来,妈祖亦神亦祖。这种叫法比官方的正式封号更显亲切和亲近,增强了妈祖在民众心中的存在感和安全感。

由此可见,妈祖信仰来源于民间,代表民众的利益诉求和精神寄托。钟敬文主编的《民俗学概论》认为:"民间信仰,是在长期的历史发展过程中,在民众中自发产生的一套神灵崇拜观念、行为习惯和相应的仪式制度。"民俗信仰有突出的功利性,人们信奉、祭祀和诉求妈祖是因为相信其能恩赐吉福,化解凶祸,回报所求。

祭祀妈祖的场所有主祀妈祖的宫庙，以道教各神祇为主神同时配祀妈祖的宫庙，配祀妈祖的佛寺，或与佛教神祇合祀的宫庙，宫馆合一、宫社合一的妈祖宫庙，奉祀妈祖的林氏祠庙及家祀妈祖等。

湄洲神女

妈祖是何方神圣？关于其来历，林氏女、湄洲人士是确切无疑的，其他信息则说法不一、疑点众多。

元代程瑞学最早提出妈祖出生于官员家庭，他在《灵慈庙记》中说："神姓林氏，兴化莆田都巡君之季女。生而神异，能力拯人患难，室居未三十而卒。宋元裕年，邑人祠之。水旱疠疫，舟航危急，有祷辄应。"

清代姚福均在《铸鼎余闻》中记载："神为五代时闽王统军兵马使林愿第六女，能乘席渡海，人称龙女。宋太宗雍熙四年升化湄州。常衣朱衣飞翻海上，土人祀之。"

《三教搜神大全》中记载："妃林姓，旧在兴化路宁海镇，即莆田县治八十里，滨海湄洲地也。母陈氏尝梦南海观音与以优钵花，吞之；已而孕，十四月始娩身得妃。以唐天宝元年三月二十三日诞。诞之日，异香闻里许，经旬不散。"

"幼而颖异。甫周岁，在襁褓中见诸神像，叉手作欲拜状。五岁能诵《观音经》。十一岁，能婆娑按节乐神，如会稽吴望子蒋子文事。然以衣冠族，不欲得此声于里开间。即妃亦且韬迹用晦，栉沐自嗛而已。"

《敕封天后志》《湄洲志略》等记载，天后俗称"妈祖""天上圣母"，生前姓林名默，又称默娘，北宋清源郡（后改称泉州）莆田县湄洲屿人，出生时间是建隆元年（960）三月二十三日。

明代中期《太上老君说天妃救苦灵验经》，称妈祖前身是妙行玉女，明万历年间吴还初《天妃娘妈传》也说妈祖乃"北天妙极星君之女玄真"下凡，这是将妈祖引入道教神话体系，将她塑造成为道教的神仙，从而凸显了妈祖信仰与道教的关系。

从上述记载中，可以梳理出以下几点：

关于籍贯。妈祖生前姓林，莆田湄洲人士。湄洲岛位于福建省莆田市中心东南，距大陆仅1.82海里（1海里=1852米），是莆田市第

图7
海口天后宫航拍，从前往后分别为：门厅—庭院—前厅—过厅—正殿，左侧三进的附属建筑为天后宫文物展示厅

二大岛，与台湾隔海相望，因处海陆之际，形如眉宇，故称湄洲，素有"南国蓬莱"之称。有书籍资料记载其父为官员，但具体职务亦说法不一，如《灵慈庙记》说是莆田都巡君，《铸鼎余闻》则认为是闽王统军兵马使，且前者认为是季女，后者又记载为第六女。这种语焉不详、说法不一的现象是民俗信仰神灵的常见现象。

关于生平。有五代之说，也有唐天宝元年（742）三月二十三日、北宋建隆元年（960）三月二十三日等说法。可见妈祖具体出生在哪朝哪代哪年，说法不一，但其诞日为农历三月二十三日得到各方认可。无论是民间祭祀还是国家祀典，都以农历三月二十三日作为妈祖的诞日。

关于神迹。无论是生而神异，还是襁褓中见诸神像，或是其母尝梦南海观音而生，妈祖出生的所有异常现象以及湄洲岛成为妈祖信仰圈的原点，都与莆田一带巫文化盛行关系密切。《仙溪志》中记载："顺济庙，本湄洲林氏女，为巫，能知人祸福。殁而人祠之。"

福建地区临海多山，在我国古代相对中原地区开发较晚，原始巫

图 8
天后宫门厅及妈祖塑像

祝信仰很普遍。妈祖信仰是一个由原始巫祝信仰成功转型为佛教、道教、儒教三教合一的制度化宗教信仰的典型案例。何为巫？许慎《说文》说："巫，祝也，女能事无形，以舞降神者也。"

民俗学学者林惠祥在《文化人类学》中说道："巫觋们常自称能呼风唤雨，能使人生病并为人疗病，能预知吉凶，能变化自身为动植物等，能够与神灵接触或邀神灵附身，能够用符咒、法物等做各种人力所不及的事。其中最使人怕的是能魔魅别人，使人生病和致死。"

按照林惠祥的说法，巫具有呼风唤雨、预知吉凶的能力，显然与《仙溪志》描述的妈祖特征十分符合。神力非凡的林氏女，让当地民众对其敬奉有加，"殁而人祠之"。

皇权加封

在对待巫文化的态度上，儒家素来强调"不语怪力乱神"和"敬鬼神而远之"。千百年来，以儒家思想为社会主流价值观的王朝对巫

图9

在前厅前的庭院回望天后宫门厅。修缮一新的天后宫至今仍然香火鼎盛，每天都有来自不同地方的人，带着不同的诉求慕名而来，他们表情肃穆、内心虔诚，希望这千年古庙的灵气能够给自己带来好运与吉祥

文化也保持着警惕甚至是禁止的态度。按此说法，源于巫的妈祖信仰应在禁止之列，但宋代开始，官方却主动参与妈祖祭祀，甚至充当主导的角色，皇权也不断给妈祖加封名号。其中原因大概是某些巫活动或巫信仰一定程度上也代表着民意和民心。王朝政府在施行禁巫措施之余，也希望通过将一些具有代表性的巫活动或巫信仰纳入官方祀典，并加以利用和操控，达到掌握民间话语权的目的。

赐封神祇是封建王朝统治者管理民间社会的常用方法。《宋史·礼》里说："自开宝、皇祐以来，凡天下名在地志，功及生民，宫观陵庙，名山大川能兴云雨者，并加崇饰，增入祀典。……是故朝廷有恒式，其或捍大患、御大灾，功及于民，事迹彰著者，然后登祀典，享庙食也。"

湄洲岛面朝大海，出海谋生素来是湄洲岛民千百年来一成不变的生产生活方式。海上救难的妈祖被当地奉为海神祭祀，同时得到官方的认可册封为顺济娘娘，掌管一方海域。随着顺济娘娘的各种显灵事迹广为传播，其英名显赫，威名远播，东南沿海一带，同样冒险出海谋生的渔民与海商不约而同加入顺济娘娘信仰圈。当然，民间更喜欢也更习惯称之为妈祖。这也表明官方与民间虽然都接受妈祖信仰，但两者对妈祖信仰的实际需求和叙事方式并不完全一致。官方需要的是护国保境、笼络民心，民间需要的则是消灾救难、有求则应。

妈祖首次得到皇权封赐的名号是顺济，意为顺利渡过、顺畅。在海上贸易发达的宋代，皇权封赐的水神和海神大多选用此类封号，如山西太原晋祠晋水圣母被册封"昭济"。妈祖从湄洲一个具有巫术的神女到最终成为国家海神，在地方政府的奏请下，皇权对其认可及不断加封是最为关键的因素。根据顾颉刚等学者的研究，梳理出妈祖信仰发展年表（见书后附表）。从年表可以看出：

第一，林氏女卒后，大概一百年里，其显灵神迹在出生地莆田传播开来，从而成为当地渔民信奉的偶像，其海上救难的形象已初具海神信仰属性。

第二，在莆田立足根基后，再经三十年，妈祖信仰的影响力已到达北面的沿海一带，倍受当地渔民追捧，同样因为显现神迹，英名远播，得到朝廷的正式承认。

第三，妈祖信仰历经宋、元、明、清四代，得到皇权褒封高达36次之多，其中宋代14次、元代5次、明代2次、清代15次。

著名历史学家、民俗学家顾颉刚在《天后》一文中分析道："北宋时，朝廷仅仅赐给她一方匾额。到了南宋，几乎没有一朝皇帝不加给她封号，甚至于理宗在八年之中加封了五回。这为什么？因为她的故事从福建传到浙江，得着民众的强烈的信仰，同时宋朝迁都到临安（杭州），使得她得着君主的倚赖，于是她负有救水旱、瘟疫和平海寇的两大责任。我们在此可以知道，宋朝若不迁都到近闽的海边，她的势力是不会这样伟大的。"根据顾颉刚的分析，妈祖信仰广泛传播与皇权力挺关系极大，但亦有一定的历史偶然性。

第四，海神妈祖自首次获册封到最后一次，前后历经719年，加封36次，封号神格逐渐升级，经历了从"夫人""妃""贵妃""天妃"再到"天后"的殊荣，作为一种民间信仰获得了至高无上的地位。

清代皇权将妈祖信仰推到顶峰。清帝对妈祖的赐封创下"三个最"：次数最多，有清一代，皇帝共赐封妈祖15次，是历朝最多的；

图10
新修缮的天后宫，寄托着人们的美好祈盼

封号字数最多，曾出现过长达66个字的封号；级别最高——天后。

这种封号变化及升格过程其实就是一种信仰历史的进化记录和社会记忆的重塑形式，通过册封名号，册封者、被册封的神以及参加册封仪式的地方官员和民众，在特定历史情景下建立和确立起整套程序、仪式和内容，有利于加强地方教化，促进民众归心，提升民族认同。

妈祖信仰有利于社会秩序的整合，增强海外之民对中央政府的认同，中原统治阶级正是看中了这一点，所以才不断重塑妈祖形象，为妈祖信仰传播范围的扩大、将妈祖塑造成为具有世界影响力的神灵打下了坚实的基础。

图11
天后宫前厅

第五，虽然妈祖信仰起源地是莆田，但让妈祖信仰成为国家海神，泉州却是功不可没。从时间来看，妈祖信仰肇于宋、成于元。元朝是妈祖信仰成为国家海神的关键时期。

第六，妈祖信仰有得天独厚的扎根本地的优势，并随着时间推移，与本地文化的内核与精髓相融合，派生出其他的文化、社会功能。妈祖由单纯的航海神逐渐转为水神、护城神，适应了不同阶层信众的不同心理需求。

妈祖是从草根阶层走出来的海神，其多次显示神迹、海上现身救难后被底层民众顶礼膜拜，建庙祭祀，后又因保境安民有功得到官方认可。在多方力量的共同作用下，妈祖信仰进入皇家视野，并得到皇权承认，纳入国家祀典。妈祖信仰的形成和演变过程可谓海神文化里的一道奇观。

国家海神塑造者：渔民、海商、官员、皇帝

我国拥有超过 3.2 万公里的海岸线、超过 1.1 万个大大小小的海岛。宋代以来，妈祖信仰沿着海岸线跟随海上贸易一路传播。即使在实行严格的海禁国策的明清两代，妈祖信众亦是有增无减。在妈祖信仰传播过程中，渔民、海商、官员、皇帝都以不同的方式、不同的角色和不同的程序参与其中。渔民将祭祀妈祖视为生产活动之一；海商通过财力彰显其在妈祖信仰传播中的力量和话语权；各地官员通过兴建妈祖庙主导祭典，有效管理地方事务；皇帝则希望借助赐封妈祖笼络民心，控制底层社会，增强民众对王朝的认可和忠诚。

闽南渔民有一个习俗，每到一地，必定上岛建庙，以延妈祖香火。可以说，渔民是妈祖信仰传播者中最底层也是最忠诚的群体。调查发现，渔民除了在妈祖诞辰等重要日子参与祭祀外，平常生活中像农历初一、十五或重要的开海日子，他们都会进行庄重的祭祀仪式。

海商是妈祖信仰范围和规模迅速扩大的重要力量。尤其是妈祖能够成为国家海神，他们甚至起着决定性的作用。在此不得不提起宋末元初泉州首富——著名的海商蒲寿庚。他的商业头脑与其祖上是阿拉伯商人有一定的关系。蒲，即阿拉伯文 Abu（阿布）的音译。蒲寿庚祖上是香料商人，长期在南洋进行海上贸易，把香料从东南亚贩运到中国，后举家迁移到广州。南宋时期，蒲氏家族成为广东最大的香料商。宋代嘉定年间（1208—1224），蒲氏家族其中一脉蒲开宗从广州迁移到泉州，当时的泉州商业繁荣，逐渐取代广州港。蒲开宗育有两个儿子，其中的蒲寿庚"少豪侠无赖"，社交能力极强，擅长经商。蒲氏家族在他手上兴旺发达，一跃成为泉州的首富，拥有独立的航海商船队，且数量巨大。当时泉州一带海盗猖狂，时常在海上劫掠。蒲寿庚自行组织海上武装队伍帮助官府抗击海盗，因功劳甚大被任命为泉州提举市舶使，掌管海上贸易、征收关税，甚至接待外国使节。亦官亦商的身份让蒲寿庚成为泉州地区的土皇帝。后宋元双方对抗时，财力雄厚、武装力量强大的蒲寿庚成为双方在泉州都想争取的对象。但因宋代张世杰以索要军资为由抢走蒲氏 400 多艘海舶及大量海货，触及了蒲寿庚的根本利益，促使其主动献城降元。1276 年，蒲寿庚被元朝皇帝任命为闽广大都督、泉州市舶使、福建行省中书左丞等官职，极为显贵。

蒲寿庚生活的年代尚未出现获得全民共识的国家海神，以当时的泉州为例，除妈祖以外，通远王是同样深受南宋朝廷认可的海神。改朝换代之际，几乎掌握泉州一切事务的蒲寿庚家族在对于泉州海神的取舍上，具有决定性作用。蒲氏家族出于政治考量和家族利益，为了迎合元朝统治者重新选择一位民众根基好的海神来取代南宋扶持泉州海神通远王的期望，最终向元王朝奏请赐封妈祖，并通过主导妈祖信仰，巩固家族在泉州的地位。妈祖信仰势力范围自此得到迅速扩大，当然也与泉州作为当时世界海洋贸易中心的地位密不可分。

妈祖信仰能够在海南岛扎根传播，与海商的关系也极为密切。包括今天骑楼街区中山路的天后宫在内，海口现存的妈祖庙大多由海商组成的会馆兴建，并长期进行修葺维护。离中山路不远的西门外街妈祖庙就与海口潮州会馆紧挨而建。没有海商的财力，妈祖信仰的载体天后宫难以遍布四海。

《兴潮天后宫碑记》中的记载便是最好的佐证。"兴潮会馆"是"潮行"（当时福建兴化，广东潮州、汕头等地商人所开设的商号的统称）商人乡人联谊、业务洽谈的行业馆所。"潮行"在白沙门设立"兴潮会馆天后宫"，后迁至解放西路，更名为"潮州会馆"。乾隆四十三年（1778），漳州、泉州的商人们兴建了"漳泉会馆天后宫"。天后宫不仅仅是一种宗教场所，它还兼具集会、议事的行政管理功能，在处理民间和商业事务中发挥重要作用。

对于妈祖信仰，地方官员历来都表现出主动和积极的态度，他们甚至出于方便治理地方和管理民众的考虑，与商人一起将妈祖庙兴建在地方行政和经济中心。有些地方的天后宫还兼具行政机构的功能。

从"妈祖信仰发展年表"可以看出妈祖的众多神迹，除了与水有关的，还有保境安民、护国平寇等，这些也是皇帝最为乐见的功能，也是历朝历代不断加封妈祖的原因。清朝皇帝甚至将妈祖信仰移植到皇家园林。据《清代妈祖档案史料汇编》记载：嘉庆十七年（1812），皇帝下旨敕建仿惠济祠于大内御花园。惠济祠位于江苏淮安清江浦（今清江市），此地系南北水陆交通要冲，清代于此设河道总督。惠济祠初为明代所建天妃庙，清代才改称惠济祠。嘉庆皇帝在大内御花园里修建天妃宫庙，并敕谕礼部，每年春秋两季派礼仪官员到御花园惠济祠致祭妈祖，以保南北漕运，祈雨解旱，祝祷国家长治久安。妈祖

图12
天后宫过厅，连接前厅和正殿

信仰进皇家园林，其尊崇地位在民间信仰中实属罕见，足见皇权的追奉达到无以复加的地步。

恩泽四海：开洋裕国与妈祖信仰

中国虽然上古时期就存在海神信仰，且海神众多，但其功能职责却不断弱化风平浪静的海洋管理，而逐渐强化风调雨顺的陆地治理，这与我国以农耕文明为主有关。显然，我国早期的海神带有明显"陆地"属性，陆地相对海洋来说，有多样性、差异大的特点，所以不同"陆地"属性的海神很难成为全民接受的国家海神。

塑造国家海神的条件在宋代迎来转机——宋代实行开洋裕国政策。宋代自建国起就不是一个真正意义上的大一统帝国。北方的辽、夏、金、元等少数民族政权长期与宋并存，因此陆上丝绸之路受阻。为了开拓商业税收渠道，增加国家财政收入，海洋成为唯一的开放通道。宋代赵氏政权只能转向东边和南边，鼓励海外互市贸易，在广州、杭州、泉州等地设立市舶司，管理海外贸易事务，负责征收关税。与明清两代严厉的海禁国策相比，宋代极其鼓励海外贸易，专门制定政策，打开国门欢迎外商来华贸易，同时鼓励国人出洋经商。

宋代的开洋裕国也让中国人活动的方向从内陆边疆移向海洋诸蕃，经济重心从黄河、中原地区移到了长江下游流域。同时，人口过多造成人多地少，相应带来生计问题，也迫使民众远渡重洋到海外寻找生机。即使实行海禁政策的明代也以国家行为向海洋进军，加强与海外诸国的交流。

开洋裕国的国策促进东南沿海港口城市及周边地区高速发展，闽南人也表现出极高的商业天赋，他们占据东南海上贸易的鳌头，创造了发达的商业文化。

到了南宋时期，我国政治和经济中心进一步南移，东南沿海地区得到迅速开发，经济发展加快，商业繁荣，城市发达，特别是拥有优良港口的商埠地区。如"向海而生"的泉州，海岸线蜿蜒曲折，海湾多、水域宽、航道深，利于船只停泊和避风，因此优良港口极多。而且泉州位于当时海陆交通交汇处，可谓四通八达。所以，唐代兴起的泉州到宋代时海外贸易发展势头已压过广州，成为海外贸易中心。以泉州为始发点的海外贸易路线抵达东南亚，远至印度洋。在海南省博物馆展示的华光礁一号宋代远洋商船，据推测极可能就是从泉州出发，经海南岛驶向东南亚。泉州港的商业繁荣，北宋诗人李邴曾用"苍官影里三洲路，涨海声中万国商"来形容。

在此历史背景下，我国的海洋文化得到进一步发展，海上贸易进入黄金时代。虽然中国是一个农业大国，但东边和南边却是一望无际的大海，漫长的海岸、辽阔的海域此时十分需要一位统管的神灵。在国家海神缺位的历史空档，生前矢志从善、造福乡里，羽化之后拯救海难、保境救民的福建神女林默生逢其时、神遇其机。

妈祖第一次引起皇权的注意始于一个"朱衣着灵"的故事。

北宋宣和五年（1123），宋徽宗派遣官员路允迪渡海出使高丽，途经东海，突遇大风，船只翻覆，只有路允迪的船只幸免。被吓得半死的路允迪连忙求天庇佑，一名身着红衣的女神立马出现在樯杆上，路允迪跪下磕头，诉求保护，随即风平浪静。惊魂未定的他问同船之人是何方神灵出手相救，一位叫李振的随行人员告诉他，是莆田圣墩人信奉的湄洲神女妈祖显灵相救。据说李振本人就是福建莆田圣墩人。当时的圣墩已经有了湄洲妈祖分灵庙，是妈祖托梦圣墩百姓，用一根显灵枯槎建起来的，故称"圣墩祖庙"。

得救的路允迪返朝复命时，将海上遇难、幸得神女妈祖相救的事一五一十地禀报给宋徽宗。宋徽宗听后也连连称奇，遂下旨赐"顺济"匾额给圣墩妈祖庙。这个"朱衣着灵"的故事在《圣墩祖庙重建顺济庙记》中被详细记载下来。

"朱衣着灵"是妈祖第一次进入皇家的视野，并得到皇帝的赐匾认可，这是妈祖成为国家海神最为关键的一步。在中国古代，皇帝是天子，既然是上天之子，替天封神也就是顺理成章、合法合规的事情。另一个由皇权造就神权的典型案例，就是关羽在清代被皇帝出于政治目的，特意追封为关圣帝君，从生前一介武将到身后跻身帝王之列，尊享世人香火。与西方社会不同，中国皇权自古以来就是至高无上的，可以支配人世间的一切，包括宗教。比如，南海观音原为南海观世音，为避唐太宗名讳而称南海观音，足见皇权之大。

南宋绍兴二十六年（1156），妈祖被册封为"灵惠夫人"，此后历朝不断被加封，南宋时即升级为妃，元明两代再次升级为天妃，清代达到顶峰成为天后、天上圣母，其祭祀庙宇也相应从顺济庙升格为天妃宫、天后宫等。

如果说莆田是妈祖信仰的诞生原点，泉州则是妈祖信仰的传播中心。莆田与泉州两地相距上百公里，属妈祖信仰圈核心，也是妈祖信仰兴起之时的首批传播地。

妈祖信仰在闽南移民及其族群的主导祭祀、大力敬奉、广泛传播下，经过官方认可、皇帝册封，最后并入国家祀典，在官方与民间共同作用下成为国家级海神，并以东南沿海为据点，通过海上丝绸之路走出国门，在沿线国家和地区特别是东南亚地区广为传播，并与当地文化交流融合，超越了区域、族群、阶层和政治分歧而形成广泛共识，成为海上丝绸之路沿线国家地区民众的共同文化记忆。资料显示，全球妈祖宫庙约有6000多座，遍布五大洲近50个国家和地区，信众达3亿多人，可以说，有海水的地方就有华人，有华人的地方就有妈祖。

图 13
天后宫文物展示厅

妈祖信仰在海南

信仰移植：妈祖信仰传入海南

中国民间祭祀与信仰在早期有"神不食非其宗"之说，因此，人们一直遵循"祭不越望"的约定俗成的规则。但宋代以后，"祭不越望"的传统被打破，越望之祭现象大量出现，真武大帝、妈祖等地方神明在各种力量的推动下向他乡传播扩散。根据文献资料的分析，妈祖信仰传入海南岛的时间大概是宋末元初，正式建庙祭祀则在元代。

宋元时期，泉州号称"东方第一大港"，也是当之无愧的世界海洋商贸中心。这是妈祖信仰在我国大航海时代，从湄洲岛渔民的信奉偶像逐步发展为东南沿海的区域海神，最后在皇权的不吝加封下演变为国家海神的重要原因。妈祖信仰正是在此历史背景下被闽南移民和海商移植到海南岛。正德《琼台志》记载，元代，琼山（今属海口）、万州（今为万宁市）、崖州（今为三亚市）和感恩（今为东方市）等地，就已经出现了"天妃庙"。

民国《琼山县志》记载，元代时海口始建天妃庙。明洪武年间

(1368—1398),商人谭海清等人捐款修建后寝屋,并筑观音山及供奉诸神像。清雍正七年(1729),监生陈国安、生员杨凤翔等募捐建大门。清乾隆十一年(1746),陈国安募款在庙前修建铺屋10间,收取租银,保供香火。清咸丰十年(1860)再次重修,几经扩建修缮后,中山路的天后宫成为海南规模最大和最负盛名的妈祖庙。

到了近代,琼籍华侨纷纷归来在此建造骑楼街屋,兴办实业。与此同时,妈祖天后被越来越多的海南移民敬奉为"海上女神",并且随着聚居于此的民众的逐渐增加,再加之彼此信仰相同,在一些功成名就、财力雄厚的海商牵头下,广大民众共同捐资兴建了规模更为宏大的天后宫,并以此作为会馆会址。1943年,日本人小叶田淳的《海南岛史》出版,其中较为详细地谈及天后庙。

抗日战争时,中山路的天后宫曾遭日军轰炸。1944年5月,美军出动飞机轰炸驻海口的日本军队,一颗炸弹落在天后宫附近,正殿和东西厢房严重受损。"文化大革命"时期,天后宫作为封建迷信的代表,遭到人为破坏,一些重要文物也因此丢失。改革开放后,天后宫曾一度成为商铺。

2013年,海口市文物局启动天后宫修缮保护计划,天后宫焕然一新,重现恢宏气势和鼎盛香火。

小叶田淳在《海南岛史》中谈及天后庙时认为,福建人海上通商与作为华侨的发展史是海南岛历史的重要组成部分,以商贸为目的的福建人是妈祖信仰的信奉者、传播者,在海上极为活跃。他在《海南岛史》里记载:

"我所知的在海口市区的天后庙有三处,第一处在海口市的繁华街道中心靠北的东西向的中山路,在路的南侧。因为四面已被民宅所包围,多数时候是不为路人所注意的。庙是向北的,其正面被中山路南侧的各种店铺所阻隔。其正面的延长线上,有小路(叫作中兴街)可以到与中山路平行的沿海的长堤路。小路正对旧海关遗留建筑之一的钟楼。这个庙是海口最为兴盛的祠庙,即使在海南岛,也是最繁荣的庙宇之一。第二处在此庙的东边一百几十米的水巷口。第三处在海口市街区的东北方向,在南渡江三角洲中的沙洲白沙门,这里还有一些水田,是面对外海的。"

"推测一下明代的海口所和天后庙的位置，庙在（海口所的）北门外。距北门数步之遥的左侧，庙的正面是船只停靠的地方。如同面临着货物的装卸场地。自近代琼海关设立之后开始，海口也实现了都市的发展，自北门到东门，还有北门到西门，在海口所的外廓，屋宇比邻而立，特别是天后庙的北侧，江岸上密布着店铺和仓库。天后庙成为进出、居住海口之商人笃信的祭祀庙宇，由他们的捐款多次重修，规模也在不断扩大。"

从小叶田淳的记载来看，我们可以看出：

第一，从建造选址来看，小叶田淳所说的三处海口天后庙均在海河口岸或港口，是交通枢纽所在，也是天南地北的人员集散之地。显然，在海河口岸或港口建庙祭祀，既符合妈祖的海神身份特征，也有利于官民祭拜："今渡海往来者，官必告庙行礼，而民必祭卜方行。"

第二，中山路和水巷口临近海口港，渡口和码头就设立在水巷口，自宋代海口开埠以来这一带逐步形成重要的海上贸易站点，到近代更是商铺林立。在海商的财力支持和民众的热心信奉下，在此而建的天后庙是"海口最为兴盛的祠庙，即使在海南岛，也是最繁荣的庙宇之一"。中山路的天后宫占地约1400平方米，自建成后的700多年间，经历了多次修葺，最后一次重修的时间记录是清朝咸丰十年（1860）。

第三，中山路和水巷口一带，宋代开始，琼州行政机构就离此不远。明代所建的海口所就在中山路、水巷口一带，按照小叶田淳的推测，妈祖庙与州郡行政机构毗邻而建，仅几步之遥，表明一是官方对妈祖信仰的认可和扶持，二则王朝政府极力将妈祖祭祀纳入国家祭祀体系当中，以顺应民心、笼络民心、凝聚民心，这一点在元代尤为突出。

海口发展原点与信仰中心

元朝定都北京之后，大力发展海河水运，据史料记载，当时管理与参与海上漕运的大多是闽南人。为了方便闽人祭祀妈祖，元朝统治者在海上漕运的地方建造妈祖庙，后来演变为管理航海者的重要行政机构所在地，形成以海河入海口处为核心的妈祖信仰圈。中山路与水巷口两处妈祖庙的建造与此不无关系，尽管两庙的具体建设情况、何人所建、确切时间等已无从考证。

妈祖信仰与海口城市的发展具有相互成就、相互促进的关系。自元代起，妈祖信仰随海口港兴旺而落地扎根，并屹立闹市，成为海口的发展原点。

宋元时期海口港是一个优良的港口，在海上丝绸之路的航线上扮演着相当重要的角色。得益于海口港的天然优势，水巷口一带古时即为官方重要渡口，岛内外人员往来频繁，海上贸易活跃，岛内土产货物在此集结北上到广州、泉州等地，南洋诸国的洋货也经此辗转到达内陆。这个历史节点与宋元时期妈祖信仰被闽南移民和海商传播到海南岛十分契合。

海商在妈祖信仰传入海南岛的过程中起到了不可忽视的作用。闽南地区迁徙到海南岛的移民航海经验丰富，且多从事海上贸易。出于族群身份认同，海商移民借助共同的信仰文化圈，凝聚力量，共同应对外部环境和事务。闽南移民在登岛之时，也将他们原来的妈祖信仰播撒到海南岛，当时海口所的天后宫和白沙门的天后庙的建造离不开闽南移民。

海口人基本过着"靠海吃海、靠海过活"的生活。海口地区的民众大多从事捕捞业、水运业、海上贸易等，即使没有直接从事这些职业，家家户户也或多或少从事与渡口有关的职业，如搬运、摆渡等。海盗也是一个不可忽视的群体。海南岛作为海上贸易的咽喉，海盗常常出现在贸易发达的沿岸港口及附近海域。面对大海和人世的无常，人们迫切需要一方神灵的护佑，以保平安。妈祖信仰满足了广大民众最基本、最迫切的共同心理需求和精神诉求。

当然，倘若没有妈祖信仰的传入，海南民众也会创造或引进其他神灵保境安民，庇护自身。事实上，海南岛上也不缺乏其他的海神。水尾圣娘（也称为"南天夫人"）、海上一百零八兄弟、木头公、三江晶信夫人等都是海南不同历史时期产生的本土海神，但都局限于海南岛部分地区，影响力更是无法与皇权加封的、在世界上享誉盛名的妈祖比拟。

事实上，妈祖信仰在海南岛的传播得到了历朝历代官方的支持，即使是在实施严格海禁的明清两朝，统治者也认为妈祖不仅是海神，而且还是王朝上层统治集团与底层平民百姓对话与沟通的重要渠道。

统治阶层借助妈祖信仰达到教化民众、笼络人心的目的。历史上，官方一直是参与并主导妈祖信仰祭祀仪式的。清雍正十三年（1735），当时的琼山知县鲍启泌曾从海口关税中拨出四两四钱作为妈祖庙春秋两季的祭祀经费，可见官方对妈祖信仰的重视。

海口天后宫的繁荣与民间信仰的功利心理关系密切。在妈祖信仰从"地方级"到"国家级"的神灵体系升级过程中，海口与其他东南沿海地方发挥着同样的作用。而妈祖信仰也的确回报给了本地居民相应的慰藉，不但抬高了这座城市的社会地位，而且巩固了城市的凝聚力。在以天后宫为中心所举办的祭祀活动中，无论是国家对其表现出的"正统性"认可，还是民间社会对其的热烈追捧，都说明妈祖信仰事实上已成为民心凝聚的原动力。

作为回报，妈祖在守护海口所城方面同样表现出各种神奇的威力。根据《重修海口天后庙记》记载，道光二十九年，有海寇张十五常来侵扰。当时的情形是"炮火轰击，弹子如雨"，但"居民无一伤者"，而且妈祖庙"巍然尚存"。

自2009年海南建设国际旅游岛起，海口的经济和社会发展都发生了很大的变化。在此之前，中山路天后宫一带一直都是海口的经济中心。天后宫所在的商埠，人员来往频繁，将妈祖的神迹和英名向四面八方传播，人与神相互成就。中国民间信仰的神灵有一个重要的特点，即其辐射力、传播力和影响力往往与人们信奉的香火多少有关。换而言之，神灵的英名需要民众旺盛的香火来承继。可以说，妈祖信仰与海口发展是一个彼此成就、相互整合的过程。

闹市庙宇：中山路天后宫

从长堤路穿过一条100多米的巷道，可直达中山路骑楼老街87号，这里便是海南规模最大，也是最著名的妈祖庙——天后宫，骑楼老街居民习惯称之为"大庙"。老一辈的老街居民的记忆里，骑楼街区的天后宫共有两处，其中水巷口早年间也有一座规模较小的天后宫，就设在潮州会馆，大致在水巷口毓秀坊的斜对面，后被整体拆除，现已看不到任何痕迹，与中山路天后宫"大庙"对应，这就是"小庙"。

根据水巷口老居民的回忆，这两处的天后宫前面曾经都是河道，

图 14
天后宫正殿。西方的海洋文明带有明显的扩张性，以中国为代表的东方海洋文化则恰恰相反，中国海洋文化的底色是和平的、阴柔的，这就是中国人会选择一名出生于普通渔村的女性演变成国家海神的重要原因之一

船只可以直接到达。古时，人们经常从此出洋下海，出发前常向妈祖祈求消灾赐福，保佑平安归来。可以说，天后宫曾经是老海口人心中的"信仰圣地"，也是海口的重要文脉所在。

2013年重建的天后宫占地面积约1400平方米，是三进院落，面阔三间，整体结构主要分为前庭、寝宫和正殿。从中山路87号穿三间前排的老字号骑楼便进入前庭，可看到寝宫，寝宫与正殿之间通过一个单间的过厅巧妙连接起来，自然过渡的同时也区分了两个功能区域。进入正殿，妈祖神像端坐供台中间，两边站立两位随从，妈祖俨然显示帝后形象，供台上面悬挂着"神昭海表"的匾额，是清雍正四年（1726）雍正皇帝御笔亲书。供台两旁有两尊小石台，分别站立着顺风耳神君和千里眼神君。正殿两边同时供奉着南海观音等菩萨以及文武财神。

海神妈祖

海口的天后宫，为了能吸引更多的信众，树立自己的宗教权威，已经不仅仅是海神信仰，而是广为容纳其他来自民间、佛教、儒家的神灵体系，是儒、释、道三教合一的信仰体现。主祭祀神灵是妈祖，但同时配祭佛教的南海观世音、道教的财神等，任何群体、任何阶层的利益诉求和精神需求在此都能得到回应。其祭祀仪式及保境安民、救苦救难的神格又体现出儒家入世的精神价值诉求，也体现出民间信仰自发、自由、自然的特征。

人们祭祀妈祖的过程其实也是一种祖先崇拜的表现。这是民间信仰仪式的特征，这种朴素的人神观，实际上远比道教、佛教等制度化宗教教义的形成还要早。中国的民间宗教不但融合了儒释道等思想，而且包含了许多更为原始、古老的信仰成分。日本人类学家渡边欣雄将这种现象解释为："在人们的信仰生活中，宗教区分是不可能的，也是没有意义的。"

妈祖信仰与海南独特生产方式

妈祖祭祀：渔民和海商的生产生活节奏

农历三月二十三是天后妈祖的诞辰，农历九月初九是天后妈祖的忌日，每年这两个日子，海南岛上普遍会举行各种各样的纪念、祭祀活动。2014年，海南省报送的"天后祀奉"被列入第四批国家级非物质文化遗产扩展项目名录。

事实上，妈祖的真实生卒年月史料和古籍并没有确切的记载，即使部分资料提及也是模糊不清、语焉不详。现存下来的祭祀仪式一般以北宋建隆元年（960）三月二十三为妈祖诞日，羽化升天的日子则是雍熙四年（987）。

妈祖祖庙祭典在每年农历三月二十三日妈祖圣诞之日举行，中国非物质文化遗产网公布的妈祖祭典全程约45分钟，规模有大、中、小三种，流程如下：

> 1.擂鼓鸣炮；2.仪仗仪卫队就位，乐生、舞生就位；3.主祭人、陪祭人就位；4.迎神上香；5.奠帛；6.诵读祝文；7.跪拜叩首；

8.行初献之礼，奏和平乐；9.行亚献之礼，奏乐；10.行终献之礼，奏乐；11.焚祝文，焚帛；12.三跪九叩；13.礼成。

妈祖的祭典时间极可能与我国东南沿海的捕鱼期和渔业生产活动有关。每年三、九两月是东海南北季风变换的时间节点。三月前后北上的季风有利于船只北上，九月前后南下的季风则适宜南下航行。以海为生的渔民据此掌握渔汛，商人们则择机在海上往返，特别是到东南亚一带经商的人。无论是渔民还是商人，人们在走向大海之前都要祭祀妈祖，以求顺利到达和平安归来。因此，妈祖祭典从时间上看就是春秋两祭，充分体现出以海为生的人们的生产和生活节奏。

女性神灵：海洋生产和独当一面的女性

海神妈祖羽化升天时是一位二十余岁的年轻女子。从区域文化来看，东南沿海一直存在多位女神信仰。除了国家海神妈祖，南海观世音也是一位信徒众多、影响极大的女神。海南的地方海神之一水尾娘娘也是一位女性神灵。这种女性海神崇拜现象与海洋地区人们生活和生产方式中女性的特殊地位有关。以海为生的地区，男性无论是出海捕鱼还是出洋经商，几乎没有时间参与家庭日常事务、田间劳作和乡村活动，因此形成"男外女内"的家庭分工模式。这种家庭生产方式和分工模式在古代岭南地区极为常见，在海南则以文昌、琼海、万宁等华侨聚集之地最为明显。因此，这些地方的女性也表现出极为突出的睿智、贤惠、能干，历史上有许多知名的伟大女性，如南北朝至隋代岭南地方首领冼夫人、近代的宋氏三姐妹等均是杰出代表。

在以海为生的社会里，主内的女性自然要撑起家庭内务、田间耕作和乡里活动。这造就了海边女性的坚韧、顽强、自立的性格和强大的内心。以女性形象为海神，守候海边，护佑平安，救苦救难，自然成为合情合理的事情。

对女神信仰推崇的另一有力佐证就是婆祖信仰和岭南圣母冼夫人。至今，海南岛绝大多数村庄都有村庙，主要祭祀本村保护神，各地叫法不一，有村主、境主、峒主等称呼，这些村落保护神一般为男性，与其一起受村民敬奉和祭祀的还有一位女性神灵——婆祖。据调查，婆祖在庙里祭台上安放的尊位，地位比村主、境主、峒主还要高。这种祭祀与信仰仪式的安排暗合了海南男女两性的家庭和社会地位的微妙关系。岭南圣母冼夫人也是海南岛上一位重要的女神,据说海南各地极为隆重的节日——军坡节,就是为了纪念冼夫人而设。

女性海神信仰的出现,与沿海地区女性社会分工的独立性、家庭责任的重要性、乡村事务的参与性等关系极大。这种信仰现象在海南岛表现得尤其突出。笔者在走访老街居民过程中也发现,至今,各类娘娘信仰在居民当中仍然流行。

与中国人的态度不同,西方人对大海的态度更多是征服。古希腊的海神名为波塞冬,他是众神之王宙斯的弟弟,但对于高居在奥林匹斯山的哥哥,波塞冬其实并不十分买账。在古希腊众神中,也只有波塞冬勉强能同宙斯分庭抗礼。他发怒的时候,常常用三叉戟搅动海面,掀起狂风巨浪,让宙斯很难堪。相较起来,中国的海神就显得体恤民意,心怀慈悲,救民扶众。

从妈祖和波塞冬的神格特征及信仰差异不难发现东西方海洋文化的不同。在波塞冬神格上我们看到暴力的海神属性,这种海神信仰折射出来的海洋文化属性就是扩张和掠夺,在国家层面则表现为殖民主义。以中国为代表的东方海洋文化则恰恰相反,中国海洋文化的底色是和平的,阴柔的,这就是中国人会选择一名出生于普通渔村的女性演变成国家海神的重要原因之一。

纵观妈祖信仰在海南的传播和兴盛,如果说海口港是造就海口这座城市的先天条件,那么妈祖信仰则是凝聚海口的精神动力,让五湖四海的人们平安汇聚于此,安居乐业。

图15
天后宫前厅前

海神妈祖

第五章 街巷美食

中国人常说"民以食为天"。对天的崇拜与信仰是中国人信仰体系中的最高等级。把饮食看成天大的事，足见我们对饮食的重视程度。孙中山先生在《建国方略》中写道："我中国近代文明进化，事事皆落人之后，惟饮食一道之进步，至今尚为文明各国所不及。"连苏轼都说"自笑平生为口忙"。

不同的地理环境造就了不同地区千姿百态的饮食方式。中国拥有复杂多样的环境和气候，从荒漠到平原，从山地到海洋，人们顺应自然，从食物中获取能量，竭尽才智，用美味慰藉家人，犒劳自己。海南人大多临海而居，渔民们在漫长的海岸线上能够很便利地获得海鲜。因此，自古以来，水产自然成为海南人的重要食材来源。在食材烹饪手法上，海南人喜欢原汁原味，以白切的方式最大限度留下食材的纯味。这种独特的饮食习俗和烹饪习惯与海南独特的海洋生态环境和生产方式有关。这构成了琼式生活的重要组成部分。除此之外，海南独特的风物、传入海南的南洋风味都塑造了海南人独特的味蕾。

海南人的一天是从老爸茶开始的，他们对待生活和人生的态度总是不紧不慢、不急不躁、超然自在、从容不迫。令人惊讶的是，历史上没有喝茶习惯的海南人，除了老爸茶，还有下午茶。当年在南洋的华侨喜欢冷饮料，他们归国返乡后便将刨冰、冰咖啡、汽水等介绍到国内，海南人因而有了丰富的饮品类型。

琼式生活

琼派美食：道法自然、至原至简

特色美食是了解一座城市的重要线索和途径，特别是隐藏在小街巷里的美食，它们往往连接着一个地区的秘密，承载着市井平民的集体记忆。人类学家张光直说过："到达一个文化的核心的最好方法之一，就是通过它的肠胃。"

图1
在骑楼走廊里喝茶的居民

何谓海南味道？

人们的饮食习俗和味蕾嗜好，既受居住地域、生态环境、食材物产等因素的影响，又与生产方式、文化交流、经济发展等有关。海南是一个典型的移民社会，因此，海南味道除了受自然环境的影响以外，移民族群的口味也是一种重要的影响因素。

《礼记·王制》中说："五方之民，言语不通，嗜欲不同。"1000多年前的宋人沈括在《梦溪笔谈》中记载："大底南人嗜咸，北人嗜甘。鱼蟹加糖蜜，盖便于北俗也。"

在沈括看来，南方人嗜咸，北方人嗜甜，这与我们现代认为食物口味是北咸南甜正好相反。其实沈括的说法没有错，在宋代以前，中国的口味确实是北人爱甜，南人好咸。这种口味反转主要与大规模移民有关。

宋代是我国移民史上一个极为重要的分水岭，当时北方人大量南迁，包括海南岛在内，许多北方的汉人先迁移到东南沿海，再迁移到海南岛，当然也有少数人直接迁移到海南岛。北方人大举南迁，也将饮食习惯带过来，甜味就在这种历史背景下逐渐演变成南方地区的主要口味。与此同时，当时漠北地区的契丹、女真、蒙古等民族南下挤压大宋王朝疆域，特别是到南宋，版图被压缩到东南一角。这一历史时期，北方的契丹、女真、蒙古等少数民族好咸的饮食习惯深刻影响了北方人的口味，这就是现在北方人口味变咸的历史原因。

到了明代末期，中国人的饮食开始从南北两大派简单分化，逐步演变成京式、苏式和广式三足鼎立，这是各大菜系的雏形。清代八大菜系之说正式形成，并不断发展成熟传承至今。清代笔记汇编《清稗类钞》中记载："粤人嗜淡食。"宋代将海南岛从广西划归广东管辖，海南的地方文化及生活习俗深受岭南地区影响。

在中国人看来，"味"是食物的灵魂，中国的饮食文化极其看重食物的味道。"味"字早在甲骨文中就已出现，《说文解字》对"味"的解说是："味，滋味也。"换而言之，古人对"味"的理解是"品尝"和"口感"。如果一定要给海南美食贴上文化的标签或象征符号，"道法自然、至原至简"最合适不过了。同时，水利万物，临海而居的海南人在饮食态度上表现得不疾不徐，从容不迫。

图2
叮咚糖。头戴草帽、衣着朴素的李大爷，30多年来几乎风雨无阻，每天都在水巷口，走街串巷吆喝："叮咚糖，狗屎毛，拉长长——"这句耳熟能详的吆喝词已成为水巷口老居民的童年集体记忆。叮咚糖是20世纪70年代的一种流行甜食，主要做法是先将白糖熬制成糖浆，再加入芝麻、花生等进行搅拌—揉和—搅拌，最后再经过拉扯甩翻成圆筒形状。这种甜食在物资匮乏的年代，经常是大人奖励小孩的奖品

登峰造极的原汁原味

海南岛炎热多雨的气候条件不利于食物保鲜，长期储存更难，因此，海南人食物所用的食材大多就地取材，讲究新鲜、追求原味。当然，为了应付炎热的天气，海南人在饮食上发明了各式各样的应付方法。比如，民国陈铭枢在《海南岛志》中提到："农家多食粥，每食必和冷水。此俗几于全岛如是，当因地带炎热使然，不复计其有无害于卫生也。"今天海口仍然有一些地方食粥时，"每食必和冷水"。用冷水和稀饭，也只有性格干脆利落的海南人能想得出来。

海南人饮食追求原汁原味与缩短烹饪时间也有很大的关系，这是海洋生态和生产方式决定的。向海而生的人十分讲究速度，任何事情必须快速解决，不能有过多的程序与仪式，否则一时之误，一天生计便无着落。民国陈铭枢在《海南岛志》中记载："近海居民以鱼为主。山居惟蔬菜，但种类极少，烹调法亦简甚。"

今天海鲜是很多人喜欢的美食，但是海鲜带有腥味，需要用各种调料和香料去除或调和，这就需要复杂的操作程序和环节，但是海南人对海鲜仍然多用保持本味的烹饪方式，对鲜有一种极致和极简的追求。比如很多地方就直接用清水加点盐煮海鲜，并美其名曰："人参燕窝不如鲜鱼鲜汤。"一般内地人吃不惯这种腥味极重的鲜鱼鲜汤，海南人却乐在其中。当然这种看似极其简单的烹饪方式，其实对食材要求极高。但凡海鲜有点不新鲜，就没有鲜汤的味道了。

白切至上的原味坚守

尝过海南美食的外地人或多或少都了解，鸡、鸭、鹅，海南最流行的做法就是白切，不加任何佐料，以此凸显食材本身质量的上乘。其中白切文昌鸡是名气较大的一种，号称海南四大名菜之首。海南四面环海，四大名菜却只有和乐蟹与海鲜有关。

文昌鸡是海南地方鸡的品种，属于国家地理标志产品，已有400多年的养殖历史，具有皮薄嫩滑、肉味馥香的特点，因产于文昌市而得名。文昌市地处海南岛的东北部，三面临海，碧海蓝天，椰树茂盛，文昌鸡就生长在这样一种山清水秀、生态优美的环境中，才有了香甜嫩滑的独特肉质风味。海南人从婚宴酒席到祭祀拜祖，逢年过节更是无鸡不成席。

图 3
糟粕醋配海鲜,是一种地道的海南特色火锅,水巷口这家海鲜糟粕醋火锅因为骑楼街区近年的人气兴旺,生意十分兴隆

图 4
糟粕醋的海鲜食材配料

同大多数中国人一样，吃鸡一直有着美好的寓意，鸡与吉谐音，各式各样的鸡在中国人的餐桌上存在了千百年。文昌鸡个头不大，毛色鲜艳，翅短脚矮，身圆股平，皮薄滑爽，肉质肥美。鲜活宰杀的文昌鸡用开水焯一遍，捞出后再一次清洗，才能入汤炖煮。入汤后鸡身四周受热开始膨胀定形。这时把鸡身夹起沥干汤汁，再重新浸入锅中，让汤汁充分渗入全部鸡身，内外受热必须均匀，避免外皮过老而腹内不熟的现象。

海南岛天气炎热，容易产生滞食。所以吃白切鸡、白切鸭、白切鹅的时候，蘸料中加入金橘汁，这便是灵魂配料。在水巷口，福源鸡饭店的白切鸡和皇隆阁的榴莲鸡是不容错过的美食。

图5
水巷口雕塑作品《椰乡往事——文昌鸡》，由海南著名雕塑艺术家陈学博创作。雕塑材质为古铜，位于水巷口街"白切世家"门前。左边人物为民国时期大名鼎鼎的宋子文，作者以雕塑的形式生动地再现了1936年秋，宋子文回乡探亲，乡亲赠送两笼正宗文昌鸡的情景。宋子文将其带回南京招待政府要员，至此文昌鸡名扬苏杭一带

来自大海的美味

海南岛四面环海，在各类美食当中，海鲜自然是主角。海口周边的海岸线生长着红树林，其枯枝落叶和落水果实，成为鱼虾蟹贝等内海生物丰富的营养和能量来源。同时，南渡江经海口流入大海，咸淡水交汇处微生物众多，盐度适中，简直就是水中生物的天堂。与其他沿海地区相比，海南岛地处热带，海鲜肥美、鲜甜，不像温寒地带海域里的海产缺乏微生物，且要与冷水和暗流搏击，其肉质天生紧实，口感不佳。

在海南吃海鲜，如果不习惯海南人的极简方式，"糟粕醋"海鲜火锅是一种不错的选择。"糟粕醋"是海南人在酿制米酒时，将剩下的酒糟再次发酵，产生伴有米香和醋香的醋酸，然后按照一定比例将醋酸加水稀释，加入一点辣椒和蒜熬煮成汤，这就是糟粕醋。用糟粕醋做锅底，能减少海鲜的腥味，赋予了海鲜这类美食不一样的表现力。它既不像重庆火锅锅底那样满是辣椒，让食材的主角显得黯淡，也不像清汤那样寡淡无味，无法调动味蕾的刺激感。糟粕醋为天然海

鲜增添了一点酸,不需任何蘸料,就完成了二次调味。

无门无派即是派

今天在海南各地的大街上,随处可见主打琼菜的餐厅,但海南菜自古难成一门一派,游离于八大菜系之外,在众多的地方菜系派别当中也是影响甚微。这既是因为琼菜无相对固定的烹饪法则和完善的饮食文化体系,也与海南岛作为一个人居的地理空间实在太狭小有关。

初来海南的外地人经常误以为琼菜属于粤菜的一种——它们确有相似和相通之处,比如口感都以清淡为主,对于食材讲究天然、生鲜。但是海南人除了喜欢天然和生鲜的食材以外,在烹饪手法上,更喜欢原汁原味,以极简的方式最大程度保留食材最纯真的味道。白切鸡、白切鸭、白切鹅等就是其中代表,甚至有白切羊,在海南人的美食追求上,似乎万物皆可白切。这是对食材品质的极高要求,没有好的食材,白切手段、方法和技能再高明,也无济于事。

此外,海南人似乎不太喜欢将多种食材混杂在一起烹饪,也很少运用辅助性的佐料,这也很符合他们黑白分明、爱恨两清的性格。

只有民族的,才是世界的。当前,海南正在建设自由贸易港,美食是海南欢迎海内外客人的极佳见面礼。琼菜虽不在八大菜系之列,但无门无派即是派,小众往往意味着特色。真正的美食家,更愿意品尝的就是这类隐藏在深巷里的市井味道。

海外传入的南洋风味

海南岛虽然海产丰富,但岛内的粮食和副食品却相对缺乏,长期依赖大陆或海外贸易输入。古代,海南人的主食因为岛内粮食无法自给自足,只能以薯芋、山薯、黍粟等为辅。

近代海南人大规模闯荡南洋后,主食才从最初相对单一的大米和杂粮转变成多元化的大米、面包、杂粮,同时咖啡、下午茶、南洋糕点等这些外来之物进入平常百姓家,深刻影响着海南人的日常生活方式。香醇的咖啡、香浓的咖喱、香甜的糕点……早期到南洋闯荡的海南人主要经营咖啡馆、茶楼、餐馆,他们归琼后,把南洋美食和饮食文化一并带回海南,极大地改变了海南人的饮食习惯,也让海南人的饮食结构向多元化和国际化发展演变。

图6
三五好友共饮老爸茶

　　同时，海外华侨还从南洋诸国带回了各种"番物"，如番薯、番瓜、番鸭及西方糕点等，这些异域食物极大丰富了海南人的食物结构和种类。华侨们带回来的不仅仅是食物，还有饮食习惯，开创了中国饮咖啡之先风，使海南式的下午茶——老爸茶盛行起来。

老爸茶：海南人的生活态度

　　凉爽的清晨、温暖的午后，一张桌、一壶茶、一份点心，一个人时就清清静静地独享放松的时光，邀上三五好友则絮絮叨叨，无需讲究任何仪式。"吃"着茶，配着点心，边吃边高谈阔论、说东道西、

家长里短，这就是海南街头巷尾老爸茶店最常见的生活画面。海南人习惯将喝茶称为吃茶，一字之变，反映出海南人在特定的人文和市井情境下，呈现出来的自由自在的生活气息。

早上起来七般事，柴米油盐酱醋茶。喝茶是市井小民的日常生活，太多规矩和讲究就没意思。对海南人来说，喝茶喝茶，首先喝的是茶，是日常生活，之后才是精神层面的审美价值。所以，老爸茶无需高楼大厦，无需端庄典雅，无需精致点配，小街小巷即可，小门小店亦行。

茶在我国被誉为"国饮"，从古至今，不同的地理环境和气候条件孕育出不同种类的茶，也演变出不同的饮茶方式。不同的地域、不同的阶层，对茶的理解都不同，每个地方、每个群体都有各自的喝茶态度和理解角度。海南人眼里的"老爸茶"并不是真正意义上的"茶"，而是一种生活习惯，与他们的生产生活方式息息相关；是一种市井人情，是他们人际互动和信息交流的独特方式；是一种场所文化，把海南特有的生态环境和地理环境造就得与世无争，把随遇而安、超然洒脱的人文性格表现得淋漓尽致；是一种流行风尚，是海南华侨早年海外谋生、闯荡南洋、荣归故里的见证。总之，老爸茶已成为海南人生活方式的重要组成部分，体现出海南人独特的处世风格、思维习惯和精神追求。

海南老爸茶的起源

海南人习惯把结了婚、上了年纪的男人称为"老爸"，不熟悉情况的外地人乍一听，往往望文生义，以为老爸茶专指老年人喝的茶。其实不然，在海南大街小巷的老爸茶店里既有老年人又有青年人。

《海南岛民俗志》对海南人喝茶的习惯如此解释："然近十余年来，琼崖与外交通发达，滨海各区，都市林立，喝茶之风，随之而至；南洋一带之华侨，尤有饮咖啡之风，习俗所染，内地亦交相竞效，于是茶馆应运而生，市镇之所，茶肆少则三数间，多则十余间，当墟日，茶楼常座上客满，地无空隙，肩摩踵接，熙熙攘攘。茶有时茶、龙井菊花之类，有西茶，如咖啡、牛乳、红茶、咯咕之类。食物有大包、小包、鸡蛋粒之类。"从这段话可以看出，今天海南人们的饮茶习惯和饮茶方式由华侨从东南亚引入海南。

琼式生活

《海南省志·民俗志》对老爸茶有相关描述："海南民间把大众茶称作'老爸茶',先前这些大众茶几毛钱一壶,配些小点心,经济实惠,老人们借此聊天解闷,当做休闲消遣的好方式。海南民间把上年纪的人称作'老爸',故这种大众茶就称作'老爸茶'。"

海南岛与东南亚的交往与互动,特别是下南洋的人数,到清末开始迅速增加。根据相关学者的研究,从1876年至1898年的23年间,通过正常客运的方式到达东南亚的海南人就有24.47万人,平均每年超过一万人。这期间还有通过其他方式出洋的。法国传教士萨维纳在考察海南岛后写成的《海南岛志》里提到,1926年新成立的海口市的人口,当时的市长也不清楚,但这位传教士考察后给出了一个大致合理的数字。他估计当时的海口,不包括府城在内,人口约有6万人,整个海南岛的人数约为200万,顶多250万。对比可知,当时海南岛出洋的人数占总人口的比例相当大。在文昌、琼海等侨乡,可谓"家家有华侨、户户有番客",一点也不夸张。这些下南洋的华侨是双向流动的,尤其是归国的华侨,往往都是功成名就、事业有成之后荣归故里,带着衣锦还乡的心态,他们自然会把南洋的新鲜事物带回家乡。

今天在琼海、文昌等侨乡还可以看到番鸭、番瓜、番茄等各种从南洋诸番传入海南岛的物种,还有咖啡、橡胶等植物。风靡城乡的饮茶习惯也是下南洋的华侨带回来的南洋文化之一。当年下南洋的琼籍华侨无论在人数规模还是经济实力上,都无法与广东和福建华侨相比。他们大多从事咖啡馆、茶馆和餐饮等行业。或许这也是海南华侨对喝下午茶十分热衷的原因之一。

根据各种史料的记载,老爸茶这种茶店最早在清末已经出现在海口,后遍布海南岛各地,现在海南各市镇中的老爸茶店即是这种风俗的延续。老爸茶店最早出现在海口,主要原因是海口从近代开始成为海南岛的商业中心,在开埠通商之后,各行各业的人员汇集于此。商业的发达与繁荣是茶馆文化兴起的重要原因。一个茶馆或茶店便是一个小社会,它具有社会交往、信息交流、情报交换等功能,来自五湖四海的各类人员聚集于此,来自四面八方的各种信息在此汇集、流转和传播。因此,茶馆茶店的社会功能显得十分突出,集政治、经济、文化为一体,大有为社会"拾遗补漏"的职能。同时茶馆文化源自底

图 7
各式点心是老爸茶的灵魂搭档

层社会，它具有明显的市井性，接地气，自然就烟火兴盛。

海南人历史上没有喝茶的习俗

海南历史上是海上丝绸之路的重要驿站，从海外贸易大概的清单来看，海南岛出产的珠玑、玳瑁、广幅布、沉香等珍贵特产，以及槟榔等重要农产品是畅销大陆及海外的商品。大陆和海外诸国运往海南岛的，在古代是铁器、陶器、丝织品、粮食等农业生产器具和生活物资，到了近代则以米面、棉纱、洋油等为主。从这些常见的贸易商品清单可以看出，茶叶可能只是以零星的方式，或熟人登岛时顺便携带到海南的。由此可推测：在古代的海南岛，喝茶应该是一件很奢侈的事情，海南岛本地的产茶区既没有将野生的茶树驯化，进行经济作物化，又无制茶技艺。如果饮茶之风在平民阶层流行，那么只能依赖岛外的进口，但是史料古籍并没有记载过茶叶作为大宗商品运往岛内用于销售的情况。

茶最初引起人类的注意、进入人们的视野是因为它是一种可以解毒的药材，而并非日常饮品。海南人喜欢喝的鹧鸪茶，第一次被发现也是因为它具有药材的功能，能治疗瘟疫。1949 年以前，海南主要

琼式生活　205

图8
当年在南洋的华侨喜欢冷饮料，他们归国返乡后便将刨冰、冰咖啡、汽水等介绍到国内

产茶区的黎族同胞也把茶当成药用，而不是饮品。中国古代诸多医书典籍里都对茶的药效进行了记载，认为它具有清肝、明目、提神、解乏等功能。

汉至南北朝，饮茶风尚开始流行于西蜀和江南地区。在此前茶原为"荼"，意思是一种苦菜，后来才逐渐演变成一种饮品"茶"。但一开始的饮茶方法相当简单，就是直接将茶叶生煮羹饮。事实上当时的人们是把茶当成一种菜煮汤来喝。这种饮用方式与咖啡最初被人们认知时的食用方式极为相似。

到了三国和魏晋时期，制作茶饼的技术出现了，人们开始学会研末煎茶。这种饮茶方式差不多持续到唐宋时期。在我国唐代，喝茶已经成为一种社会风尚，在文人雅士的追捧下蔚然成风，茶也成为一种生活必需品，"柴米油盐酱醋茶"的说法据相关学者考证大概出现在唐末宋初。茶虽说是百姓生活的七件必需品之一，但与其他六件相比，尤其是粮食来说，其重要性并不大。海南岛自古以来虽然是海上贸易的重要集散之地和中转站，但毕竟是化外之地，经济发展水平自然无法与大陆相提并论。普通百姓的日常生计问题尚仰赖大陆解决，中央王朝需时常通过海上通道向岛上输入粮食及铁具等日常用品。因此，喝茶对普通民众而言，在现在看来简直就是一件十分奢侈的事情。

从文化角度看，茶被称为文人"七件宝"——琴棋书画诗酒茶——之一。再有，茶通六艺，茶的精神属性与中国文化传承相互渗透和融合，这其中文人的作用是至关重要的。用今天的话来说，知识分子是茶的成就者。但纵观海南历史，自隋代创立科举制度以来，在隋唐两代300多年的历史时间里，海南没有出现过一个举人和进士，足见海南文化与教育要远远落后于大陆。其原因与海南岛孤峙海外、交通不便、信息不通、皇恩不达有极大的关系。直到宋代，苏东坡等贬官和文豪谪居海南后，在当地兴办教育、教化百姓，从宋到清，海南出现了767位举人，其中明代最多，出了595位举人。

综上所述，我们可以看出，古代的海南岛喝茶之所以没有形成一种社会风俗或生活习惯，除了茶叶不是贸易商品以外，缺乏喝茶文化的推行者——文人阶层是关键原因。虽然从宋代开始海南岛便出了举人，但是数量之少难以形成气候。因此，海南人喝茶的生活习惯直到清末才被下南洋的华侨带动起来。大量归国华侨在南洋谋生创业时为了融入当地社会，学习南洋殖民者的生活习惯，形成喝下午茶的嗜好，归国后也将这种生活习惯带了回来。不过一开始也只是在华侨阶层或商人阶层流行，其被市井百姓接受是后来之事。

民国《海南岛志》写道："海南不乏产茶之地，然居人多不嗜之，独多嗜酒。"这与今天老爸茶店在海南岛随处可见的情形大相径庭，和我们想象的完全不一样。

历史上海南没有形成茶楼文化，海南人没有嗜茶的习惯，还有一个最重要的原因，就是"无茶可喝"。尽管"海南不乏产茶之地"，却没有制茶技艺，且海南主要产茶区是今天五指山等黎族地区，但这一带的野生茶树并没有被驯化，海南开始人工种茶是1958年的事情。在此之前，产茶区的黎族同胞大多将茶视为药物，极少用于日常饮用。五指山一带是海南最为重要的山区，在古代交通极为不便，汉人除与黎族同胞进行物品交换或简单贸易以外，极少进入黎族区。

综上所述，大致可以解释为什么"海南不乏产茶之地，然居人多不嗜之"。

南洋生活的下午茶

李亚历、苏立武、梁禧等几位水巷口的老居民，如果没有什么事情，下午三四点左右，都会集中在与水巷口紧挨的振东街的恒兴发茶店喝下午茶，这家茶店已经开了30多年。为了了解水巷口的故事，笔者特意与几位老人约在恒兴发茶店喝了一次老爸茶。他们专门嘱咐，喝下午茶一定要点红茶，这才是下午茶最正宗的喝法，客人可以根据个人的口味和喜好加入白糖或炼奶。入乡随俗，我们每个人都点了一杯红茶，各式糕点也都点了一份，美美地体验了一次正宗的海南老爸茶。几位热心的老人开始讲起老街的居民生活：水巷口等老街居民都有喝下午茶的习惯，得闲时约上三五好友，每人一杯红茶，配上一些点心，这是最好的消磨时光的方式，这种生活方式是早年南洋的华侨带回来的。20世纪50年代，一杯红茶的价格大概是5分钱，70和80年代的时候大概是1元，现在是5元。这个价格十分亲民，适合大众消费。

英国著名历史学家艾伦·麦克法兰在《绿色黄金：茶叶帝国》中说："茶叶对世界的征服如此成功，以至于我们都忘记了它曾经征服了世界。"

今天深受人们喜欢的喝下午茶的生活习惯主要起源于英国。因此配合下午茶的基本食物也以英式下午茶为基础，包括面包、咸食和甜点等。但是众所周知，包括英国在内的欧洲并不产茶，欧洲人要跨越25 000英里的距离，才能到达号称"东方树叶"和"神奇小草"的茶叶的产地中国。

大约在10世纪至11世纪，中国茶叶通过吐蕃传到高昌、于阗等地区，再经于阗和西藏传入印度、波斯。在14世纪至17世纪，中国茶叶又传播到中亚和波斯的阿拉伯地区，然后被阿拉伯商人带到欧洲。欧洲人将茶叶称为"绿色黄金"，为欧洲商人带来巨额利润，茶叶贸易也因此开启了欧洲贸易史的新篇章。欧洲人曾说："茶叶是上帝，在它面前其他东西都可以牺牲。"

明代郑和下西洋后，中国开始与西方有了深入的接触与交流。最早接触或了解中国文化的是西方的传教士及知识分子。在他们对中国文化的极力推崇下，欧洲商人通过海上丝绸之路将中国的货物和商品运往欧洲，并深受欢迎，从而使得欧洲人产生对中国人生活方式的向往。喝茶就是体现这种向往的方式，只是喝茶刚开始在欧洲流行的时候，仅限于上流社会。实际上，中国瓷器在欧洲社会普遍流行和大受欢迎，也是因为欧洲人开始学会喝茶后，需要使用精致的陶瓷茶具。

茶叶在传入英国之初是绝对的奢侈品，是贵族们的消费品。1662年，嫁给英国查理二世的葡萄牙公主凯瑟琳是中国茶的"铁粉"。葡萄牙是早期的贸易大国，作为公主的凯瑟琳较早就接触到茶叶，形成饮茶的爱好。她嫁到英国时的陪嫁物品就有中国茶叶，而且凯瑟琳公主经常用茶叶招待英国的贵族朋友，于是昂贵的"东方树叶"作为饮品开始在英国上流社会流行起来，尤其深受贵族妇女的喜爱。从1717年开始，茶叶已开始取代丝绸成为英国从清朝贸易进口的主要货品。

英国中产阶层及平民能够将茶作为日常饮品差不多是在18世纪末、19世纪初。当时不但有专门的茶店，而且也有人沿街叫卖泡好的茶。欧洲原来的无酒精饮料只有白水，茶叶及咖啡、巧克力的输入，大大丰富了他们的生活情趣。但与咖啡和巧克力比较起来，茶价最为低廉，具有普及的经济优势。

英国平民百姓能够喝上茶得感谢印度人。印度是英国的殖民地，18世纪末，由于茶叶深受英国人喜爱，英国对茶叶的需求骤升，于是在其殖民地印度大量开辟茶园种植茶树。英国东印度公司可谓功不可没，它开发出阿萨姆、大吉岭和尼尔吉里等主要产茶区，今天我们在商店里经常可以看到阿萨姆奶茶。到了19世纪，印度生产的大量茶叶被源源不断地运往英国，让普通的英国人也喝上了物美价廉的茶，饮茶成为英国的一种社会习俗。

不过奇怪的是当时的印度人却极少喝茶，甚至对茶叶妖魔化。印度的殖民者英国人将茶看成"帝国饮料"，认为喝茶是一种权力、财富和社会地位的象征，极具贵族优越感。当时在印度的英国人喝茶的标配是：精美的茶具、精致的点心，在香浓的红茶里掺入牛奶和糖，英国人称之为"下午茶"。每天享受下午茶是英国人最重要的生活方式，也是一种文化自我认同。

英国的下午茶文化事实上源自19世纪40年代的维多利亚女王时代，相传由英国贝德芙公爵夫人安娜玛丽亚开创。英国的宫廷用餐习俗是午餐较早，而晚上社交宴会又要到晚上八点左右才开始。午晚两餐时间跨度较长，公爵夫人安娜玛丽亚经常感到肚子很饿，于是让仆人泡上一壶好茶，烤上几块面包，配上一些奶油或黄油送给她享用。久而久之，她便养成习惯，而且对这种茶配点心的下午美食时光十分享受，后来她又开始在每天下午四点左右邀请三五好友一同品尝。这种专门消遣下午闲暇时光的方式受到英国上层贵妇们的追捧与喜爱，并开始在上层社会流传开来，成为一种时尚，后来逐渐普及到平民阶层。英国占领殖民地后，也把这种英式下午茶文化，也就是"维多利亚下午茶"发扬光大，传播到世界各地，包括海南岛。

老爸茶里的市井生活

如果溯本追源，海南老爸茶文化的鼻祖是"维多利亚下午茶"，是清末琼籍华侨从英国殖民地带回海南岛的南洋文化之一。英国人在殖民地喝下午茶的风尚在海南一登岛就与海南人的生活作息方式产生了天然完美的结合，落地即生根，并传承至今。但是从维多利亚下午茶演变成海南老爸茶，海南人的下午茶已经具有海南个性、海南脾气和海南烙印。

许多刚到海南的外地人经常会看到海南人，尤其是男人爱喝老爸茶，成天泡在其中，不亦乐乎，有人便觉得海南人懒惰、散漫、不思进取。这其实是对海南人的谋生之道和生活方式缺乏了解。

海南岛孤悬海外，四面环海，自古以来海南人大多以海为生，特别是像海口、文昌、琼海、万宁等沿海地区，渔民们一般下午三四点就吃好"晚饭"准备出海。海上捕鱼作业基本上要持续整个晚上，第二天清晨要赶早回港把捕捞的鱼卖个好价钱。海南人捕鱼为什么要到晚上才能作业？因为他们捕捞的鱼大多具有较强的趋光性，海南人称之为"灯光鱼"，使用灯光围网捕捞，一网下去能捕到很多。最常见的"灯光鱼"就是蓝圆鲹，俗称池鱼、巴浪。

整晚持续劳作的渔民，归港后十分需要补觉休息或放松，如此的生活作息方式已成为海南人自古以来固有的形式。这就是许多地方特别是沿海地区的海南男人，一到下午喜欢泡老爸茶店的重要原因之一。

面对浩瀚无垠、喜怒无常、变化莫测的大海，不测之风云随时随地都有可能发生，且古时没有天气预报和先进的导航技术，危险无处不在。这种海岛生存环境对海南人的性格影响极大。而海南人的老爸茶，没有过多讲究的形式，更无所谓繁文缛节的仪式，他们享受的是喝茶的过程、闲时的相聚、谈笑的乐趣，一切仪式皆可抛弃，简单明了，和海南人的性格一样。

陆羽在《茶经》中说："茶之为用，味至寒，为饮最宜精行俭德之人。"喝茶这件事到了陆羽这里，已不再是单纯的日常生活，而是上升到精神层面。晚唐刘贞亮也提出饮茶十德："以茶散郁气，以茶驱睡气，以茶养生气，以茶除病气，以茶利礼仁，以茶表敬意，以茶尝滋味，以茶养身体，以茶可行道，以茶可雅志。"刘贞亮的茶之"十德"与陆羽的"精行俭德"一脉相承，赋予饮茶以精神境界和人文内涵。后来喝茶的仪式甚至发展到审美高度，即茶道。

但是海南人喝老爸茶并不想从中喝出什么高深学问，不必高雅点缀，更不需要装腔作势。在海南老爸茶店喝什么不重要，重要的是气氛，好友相聚、人来人往、热热闹闹，人生一切不如意、不顺心、不得志，尽在笑谈中释怀、忘却、坦然。

茶馆自古以来便是中国基层社会的缩影，三五人围桌相聚，以茶叙话尽是人情世故，品甘咽苦。与中原地区的强势文化、精致文化相比，海南人更显得道法自然，从容不迫，对待生活不紧不慢，不急不躁。

泡老爸茶店是海南人一日三餐之外的生活程序，一有闲余时间，他们就会光顾老爸茶店，约上三五老友，一句"阿妹呀，来壶茶"，一壶茶、一包烟、一袋槟榔、一张彩票图，海南式的下午茶生活程序就启动了。在老爸茶店遇到熟人朋友，抢着买单是标配动作。但是老爸茶店机灵的员工都知道，"收小不收老，收富不收穷，收生不收熟"，这是生活智慧总结出来的人情世故。

老爸茶店是市井平民自由与欢愉的世界，特别是小巷子里的老爸茶店一般都是附近市井民众的集散之地、社交中心、娱乐天地。而且老爸茶店很多座位设在室外，开敞的公共空间维系着独有的社交氛围，它没有独立空间的拘谨和压迫感，不会让人与人之间因身份、层次、权力、财富等差异而变得微妙。在这里没有男女老少之分，没有高低贵贱之别，来者皆客、来者皆友，不求志同道合，只要"臭味相投"，皆可"桌上议奖"。"阿妹呀，加个杯"，体现了一壶茶在此，见者有份，来者不拒。

从老爸茶文化可以看出海南人的性格，直率、简单和爽快。以海为生的人，在海上的交流与沟通极为不便，尤其是遭遇狂风暴雨、风高浪急甚至是惊涛骇浪的时候，人们必须在极短的时间里用最简单的语言、最直接的表达、最快捷的方式，让彼此的信息能够瞬间进行交换与传达。这种地方人文特色表现在饮食习惯上也是简单、方便，无需过多的装饰或仪式。

嚼槟榔：海南人的待客之道

嚼食槟榔是人类的一种古老习俗，在古代东南亚很多地区流行。在我国古代，海南岛槟榔是重要的贸易土物，它常常被作为重要的贸易商品通过海运送往中原地区，甚至是作为贡品进入皇宫。

槟榔文化历史

槟榔是一种常绿乔木，属棕榈科。其果称为"槟榔果"，又名宾门、青仔、国马，气微，味涩、微苦，是我国四大南药之一。《本草纲目》等古籍亦有记载，认为其具有独特的御瘴功能，主治食积、气滞、疟疾等。古代将槟榔入药的药方也有许多，如用于小儿消食的槟榔饮。

槟榔文化历史悠久，尤其盛行于东南亚。它并不是我国的原产物，但其在我国种植的历史已有2000多年。据史料记载，槟榔原先主要分布在东南亚一带。泰国出土的槟榔栽培遗迹，证实了远古时期泰国就开始种植槟榔了。公元前900年左右，古印度诗人马哥则的诗中曾描述过讫哩史那王（Krishna）率领的士兵饮用椰子和咀嚼槟榔子的情景。

槟榔传入我国大约在秦汉时期，主要通过朝贡和海上贸易的方式进入当时的南越地区。

西汉元鼎五年（公元前112年），汉武帝发兵攻灭南越国，汉军直入当时的番禺（现在的广州市）。南越授首，四海一统，南国的珍奇植物，也移植到了长安的皇家苑囿。根据《史记》记载，汉武帝兵征南越时已以槟榔解军中瘴疠之气，说明槟榔在此之前早已被引进。

图9
在骑楼街区售卖的槟榔

汉武帝后建扶荔宫,广种南木,槟榔入列。古代地理书籍《三辅黄图》记载,"所得奇草异木,菖蒲百本,山姜十本,甘蔗十二本……龙眼、荔枝、槟榔、橄榄、千岁子、甘桔皆百余本",移植到了扶荔宫。雄才大略的汉武帝极想让南越地区的珍奇物种能在自己所建宫城里落地生根、开花结果,但功亏一篑。《三辅黄图》中记载,交趾郡移植来的荔枝因水土不服全都死了。汉武帝不死心,又移植了几批,终于有一株荔枝树顽强地活了下来,只是不结果,最后也枯死了。汉武帝龙颜大怒,将看护的几十名官员砍了头。《三辅黄图》虽然没有提到移植来的槟榔树,但其结果肯定也和荔枝树一样。

现在我们知道槟榔并不适合在北方种植,而我国南方地区温暖湿润、山野纵横,特别是海南岛极其适合种植槟榔。

秦汉时期,随着中原王朝对南方的不断开疆拓土,槟榔作为南越土物开始进入了中原宫廷与皇家贵族的视野。槟榔出现在中国古籍文献中的记录,最早可见于西汉文学家司马相如的《上林赋》,其中提到"仁频并闾",这里的仁频即槟榔。

嚼食槟榔一度成为流行风尚始于我国南北朝时期,当时北方上层

琼式生活

人士嚼食的槟榔一方面来自南越之地，包括当时的海南岛，一方面则来自东南亚藩属国进贡。槟榔因其远来而珍异，深受皇亲国戚和士大夫们的追捧和喜爱，被视为待客、赠友的珍品。据《南史·刘穆之传》记载："刘穆之微时，往妻兄江氏家求食，食毕索食槟榔，为江氏兄弟所嘲弄。后穆之为丹阳尹，召江氏兄弟宴飨，至醉饱，以金盘盛槟榔一斛进之。"

宋代由于商业繁荣，贸易兴旺，岭南地区出现发达的槟榔行市，食用槟榔之风在南方社会广为流传，"自福建、下四川、广东西路，皆食槟榔者。客至不设茶，唯以槟榔为礼"。当然对北方而言，食用槟榔仍然是少数上层社会人士的"时髦"，甚至是一种身份彰显和财富炫耀。

明清时期，海南岛槟榔种植及产量大幅增加，海南岛与大陆的槟榔贸易日益繁荣，槟榔在大陆广为传播，成为上至宫廷帝王、仕宦之家，下及平民百姓的日常喜食之物。乾隆和嘉庆皇帝也是嚼食槟榔的爱好者。史料记载，嘉庆皇帝曾说："唯槟榔一项，朕时常服用，每次随贡呈进，毋误。"嘉庆皇帝曾一边嚼着槟榔，一边在折子上批示："朕常服食槟榔，汝可随时具进。"

纵观元、明、清三代，槟榔被列为"土贡"供奉皇室，特别是清代王公贵族们都喜欢嚼食槟榔，各地自然纷纷效仿，嚼食槟榔蔚然成风。

槟榔在海南

1882年美国传教士香便文在海南黎区做田野调查时，对海南人嚼食槟榔描述如下：

"嚼槟榔，我们在前面的临高也多少见到过，在这里非常流行，尤其是女人，无论是汉族还是黎族女人，似乎都对嚼槟榔上瘾。"

海南人尤其黎族地区人民嗜食槟榔，从自然因素来讲，黎族人大多居住在原始雨林里，瘴疠之气极重，槟榔有排除湿热之气的功效。

民国《海南岛志》中记载："一般习惯尤嗜槟榔。……海南西部人民，如崖县、临高、昌江、感恩等处，嗜此者极夥，女人尤甚。东部如琼山、文昌、定安、澄迈、琼东、乐会、万宁、陵水等处，则较少也。"

摄食槟榔的习惯以宋代最烈，咏槟榔的诗甚多，据说苏轼在儋耳，见黎女头簪茉莉，口含槟榔，忽然得句云："暗麝著人簪茉莉，红潮登颊醉槟榔。"传诵一时。罗大经引入《鹤林玉露》，解释说："每食之，则醺然颊赤，若饮酒然。"醉槟榔的现象可能与槟榔碱的中枢兴奋作用有关，摄入多次以后则逐渐耐受。

明代李时珍的《本草纲目》中记载，槟榔有"驱虫、消积、下气、行水"的药用功效。他认为槟榔与扶留叶合蚌灰嚼食可辟瘴疠，去胸中恶气。

《广东新语》也有过相关记载："亦珠汗而微滋，真可以洗炎天之烟瘴，除远道之渴饥，虽有朱樱、紫梨，皆无以尚之矣。"

《本草纲目》等把槟榔列为重要的药用条目，梁医学家陶弘景著医学典籍《名医别录》，就总结出槟榔的药用功效："味辛，温，无毒。主消谷，逐水，除痰癖，杀三虫，去伏尸，治寸白。"《异物志》《南中八郡志》《金楼子》等将槟榔列为重要的食用条目，视若"贵异""珍宝"，食之即"滑美""香美"，可以忘忧。

东汉番禺下渡村（今属广州市海珠区）人杨孚撰写的我国第一部地区性物产专志——《异物志》，最早记载了岭南栽种和食用槟榔的情况："槟榔……以扶留藤、古贲灰并食，下气，宿食消谷。饮设以为口实。""俗曰：槟榔、扶留，可以忘忧。"

待客之物

中国是礼仪之邦，且讲究民以食为天，待客之道自然就免不了从食物开始。茶、酒、烟是最常见的三大待客之物，在海南，平常百姓的社交习惯往往从一句"吃茶""吃酒""吃烟"开始。但在海南许多地方还有一种重要的待客之物，那就是槟榔。它甚至是海南人婚丧嫁娶待客必备之物。

槟榔文化是一个历史悠久的话题。咀嚼槟榔是人类最古老的习俗之一，观其风俗人情，可通古今，知礼仪，表情意，息纷争，利民生，多元主体尽显。槟榔最初只是一种用于咀嚼提神的植物产品，但在不断的社会交往中，成为一种嗜好，传入人的精神生活，更因仪式认同感突显其文化象征意义。

西晋嵇含《南方草木状》言："交广人凡贵胜族客，必先呈此果。若邂逅不设，用相嫌恨。则槟榔名义，盖取于此。"

到了唐朝，槟榔已经成了平民食品，欧阳询在《艺文类聚》中说："槟榔，士人以为贵，款客必先进，若邂逅不设，用相嫌恨。"可见槟榔在唐朝和香烟一样，大家见面首先递个槟榔寒暄一下，再谈正事，就其乐融融了。

海南一带以槟榔待客的风俗，古来有之。偶尔客居岭南的文人墨客对这一习俗也有很深的印象，记录道："琼人每以槟榔代茶椰代酒，以款宾客。"对此，陆游有诗云："且胜堆盘供苜蓿，未言满斛进槟榔。"陈与义则写道："寂寂孤村竹映沙，槟榔迎客当煎茶。"

在万宁的传统待客之道中，如有客人登门，主人会摆放出槟榔果招待，即使不会嚼槟榔，也得吃上一口表示回敬。在访亲探友时，也会有人买上槟榔果作"甜路"（海南话，含有礼物赠送性质的食物），当作随身吃食小礼品带到主人家。逢年过节，还会备上一些槟榔果，以敬拜年长的贵客亲朋。

在海南和台湾两地，槟榔有时还充当和事佬的角色。人与人之间有矛盾如需讲和，往往就带上槟榔登门敬送。对此，清朝进士张湄曰："一抹腮红还旧好，解纷惟有送槟榔。"这就是自古至今槟榔和事的最妙描写。

槟榔是海南岛古代重要的贸易商品

查阅史料古籍，有关海南岛风俗物产和海上贸易的记载中常常提到槟榔。

到了宋代，海上丝绸之路的开拓促进了东南亚诸国与中国的槟榔贸易。当时海南岛槟榔种植已具规模，开始向中央朝廷进贡槟榔。

《诸番志》中记载，泉州商船装载了酒、米、面粉、纱、绢、漆器、瓷器等前往海南。正月间自泉州出帆，五六月回航，输入槟榔。

海南岛上的琼州等州军，宋时为广南西路管辖，上述琼州、昌化军商税超过万贯，可见其商贸活动之繁荣。海南岛盛产槟榔，"海商贩之，琼管受其征，岁计居什之五"。其"岁过闽、广者，不知其几千百万也。又《市舶门》曰：'非槟榔之利，不能为此一州也。'"泉州徐五叙兄弟"往来廉、广,归宿于琼,以贩槟榔为业,旦见之二十年矣","偕载者使自至廉收米",廉米南运海南,海南槟榔北运。"贾物自泉、福、两浙、湖、广至者,皆金银物帛,直或至万余缗,自高、化至者,唯米包、瓦器、牛畜之类,直才百一。"远处岭北"金银物帛",近处高化米、牛、器皿等皆销往海南。而海南诸香及海货亦北销至岭北。

海南岛物产丰富,但由于农业技术落后,铁制农具缺乏,粮食常年不足,尤其是米谷不足。这其中还有一个很大的原因就是海南人不喜耕作。所以,海南岛自古以来便有以岛内的槟榔等土物与中原地区的米谷等粮食进行贸易的活动,以解决粮食危机。遇上台风等天灾,岛内往往就会出现饥荒。苏轼谪居儋州时,有诗曰"北船不到米如珠"。

文人墨客眼中的槟榔

槟榔在海南人看来既是一种古老而传统的特色饮食习俗,又是他们日常的社交礼仪,带有强烈的仪式感,以至成为婚丧嫁娶等人生当中极具代表性时刻的信物。这种独特的文化或许就是文人墨客对其格外关注的原因。

最值得一提的当属北宋大文豪苏轼。

北宋绍圣四年(1097),已被贬为宁远军节度副使、惠州安置的苏轼,被政敌陷害,再贬海南儋州。贬儋州时,苏轼已经年过花甲。这对苏轼而言是人生之大不幸,却是化外之地、蛮荒之岛海南的千年幸事。苏轼的伟大不仅表现在他的诗文,更体现在他豁达的人生境界。即使被贬到连他自己都以为此去再无生还希望的海南岛,他仍然乐观面对。随遇而安的思想浸透了他的日常生活,经过他诗笔的美化,产生一种动人的生活情趣,如充满了自信和自得的《谪居三适》(《旦起理发》《午窗坐睡》《夜卧濯足》)记录了他早起梳头、午后打盹、睡前洗脚的身心快意、舒畅如意。

但苏轼在儋州,政敌并未放过他。起初他住在官舍里,颇受太守张中的优待。见他太舒服了,政敌又将他赶出了官舍。苏轼只好筹钱盖房子。他的新居有陋屋三间,房后是一片槟榔林。乐观的东坡居士为新居起名曰"槟榔庵",不唯如此,苏轼还很喜欢嚼食槟榔,并留下许多广为流传的诗文,其中部分就与槟榔有关,尤其是《咏槟榔》《食槟榔》非常著名。

《咏槟榔》
异味谁栽向海滨,亭亭直干乱枝分。
开花树杪翻青篶,结子苞中皱锦纹。
可疗饥怀香自吐,能消瘴疠暖如薰。
堆盘何物堪为偶,蒌叶清新卷翠云。

《食槟榔》
北客初未谙,劝食俗难阻。
中虚畏泄气,始嚼或半吐。
吸津得微甘,著齿随亦苦。
面目太严冷,滋味绝媚妩。

苏轼在对医药、烹饪的记载中也多次提到槟榔。在著作《格物粗谈》(卷上·果品)中,苏轼就记载了槟榔的青果吃法:"槟榔同扶留藤,及瓦垄子灰,或蛎蚌灰食,则柔滑甘美。"在草药诗中他写道:"两颊红潮增妩媚,谁知侬是醉槟榔。"

著名学者杨升庵在《滇南月节词》中也这样写道:"槟榔串红潮,醉类樱桃淀。"槟榔生丹津,吃后会心跳加速,面红耳赤目眩,如醉酒一样。因此民众常以吃槟榔来御寒和消除紧张劳动后的疲劳。

嚼食鲜槟榔

嚼食槟榔的方式主要分为两种,一种是将鲜槟榔果制作成槟榔干嚼食,以湖南等地为代表;另外一种就是海南人的嚼食方式,直接用蚌灰涂抹在扶留叶上和鲜槟榔一起嚼食。

为什么要与扶留叶和蚌灰一起吃?

扶留叶是中国古代与花椒、姜、茱萸齐名的香辛料之一,扶留藤是胡椒科蒌叶(Piper betle),也包括同属近缘之荜拨(Piper longum)一类,属于常绿攀缘藤本植物。

《海南岛志》对槟榔的食用方法有如下记载:"食时将槟榔纵破

为四,纳于口中,别取蒌叶一片,涂以蚌壳灰浆,混而嚼之,随嚼随吐,流涎如血。若遇数人聚坐一室,则地面可使尽赤。此热带住民习尚也。又客来必以槟榔为敬,鲜有奉茶者。嗜槟榔者终日咀嚼,行止无间,唇如涂脂,齿若漆黑。偶取尝试,槟榔、蒌叶各有一种芳烈之刺激性,必借蚌壳灰以款和之。问之食者,云如无灰则味不甘、口不红云。"宋代地理名著《岭外代答》中有类似的描述。

《琼州府志·卷五》称:"槟榔生食,必以扶留藤、古贲灰相含嚼之,吐去红水一口,乃滑美不涩,下气消食,俗谓槟榔为命。赖扶留于此,古贲灰即砺蚌灰也,贲乃蚌之讹,瓦屋子灰亦可用。"其中所言,正是槟榔和蒌叶、蚌灰巧妙搭配和所起作用之道。

"在处理鲜槟榔上,首先要根据青果大小切块,然后将刷着蚌灰浆、贝壳粉的蒌叶卷成三角形,配着青果吃。刷在蒌叶上的灰,可以分为甜味和苦味的,还可以选择加不加蒌子,也就是蒌叶藤的子,买客可以自己挑选决定。"

槟榔与爱情

"槟字从宾,榔字从郎,言女宾于郎之义也。"明末清初的岭南学者屈大均曾在其撰写的《广东新语》中提到,槟榔即为"宾门之郎",意思是自家贵宾,女儿的郎君,"槟榔"之名也由此而来。岭南有民谣:"一槟一榔,无蒌亦香。扶留似妾,宾门如郎。"

人们给槟榔起名便将其与爱情联系起来。长期以来,包括海南岛在内,岭南文化中,槟榔被看作是爱情的象征。

《崖州志》中记载:"婚礼纳彩,用锡盒盛槟榔送至女家,尊者先开盒,即为定礼,谓之出槟榔,凡女受聘者,谓之吃某氏槟榔。"

据《琼州府志》记载:"亲朋往来非槟榔不为礼。至婚礼,媒妁通问之初,洁其槟榔,富者盛以银盒,至女家非许亲不开盒。但于盒中手占一枚,即为定礼。凡女子受聘者,谓之吃某氏槟榔。"

举行婚礼时,槟榔果更是不可缺少的佳品。在婚礼宴请现场,新郎新娘都要给登门贺喜的亲朋敬献槟榔果,以表敬意。槟榔甚至成为财富、地位的象征:"而琼俗嫁娶,尤以槟榔之多寡为辞。"

据统计,目前世界上嚼食槟榔的有10到12亿人,我国有1亿多人，这一习俗主要流行于印度、巴基斯坦、斯里兰卡、马尔代夫、孟加拉国、缅甸、泰国、马来西亚、印度尼西亚以及南太平洋的众多岛屿。

槟榔在海南岛与外界的联系上扮演着极其重要的角色，特别是宋代以来，海南岛与大陆商贸往来频繁，岛上的槟榔品质优良，是中原地区喜爱的南越"珍果"。海商们自然不放过这一绝佳贸易商品，千百年来，槟榔成为海南岛商业贸易输出物，同时以此换回米谷等粮食，补给岛上粮食不足。

从人类文化和民俗学角度来看，嚼食槟榔已演变成为一种本土文化认同的仪式载体，某种程度上促进了人类交流，传承了民俗文化。就此而言，槟榔文化带来的文化多样性不会消亡。但归根结底，嚼食槟榔就是人的一种嗜欲，槟榔确实也可入药，不过长年嚼食槟榔会"逢人则黑齿朱唇，数人聚会则朱殷遍地，实可厌恶"（《岭外代答》）。现代研究也表明槟榔碱是一类致癌物质，从卫生、文明和健康角度来看，少食或不食为好。

市井味道

了解一座城市最直接、最容易的方式就是从美食开始,特别是各式小吃、风味美食,它是城市性格的表现,也是城市的记忆、城市的基因和城市文明的密码。

图10
如果说海南人一天的生活是从老爸茶开始的,那么结束的仪式一般少不了夜宵。海南人喜欢过夜生活,每当夜幕降临,水巷口两边的骑楼商铺立刻串联成美食小街

辣汤饭：平民美食

姚记辣汤饭、林记辣汤饭、陈记辣汤饭、骑楼辣汤饭……一条巷子居然有如此之多的竞争同行，可见辣汤饭在水巷口的人气之旺。"老板，来份辣汤饭套餐，加根腊肠。""我也要一份辣汤饭，猪杂多些。"水巷口的清晨是从一份辣汤饭开始的，街巷两边的铺面还是大门紧闭，各家辣汤饭店早已是人声鼎沸、座无虚席。

没有辣椒的辣汤饭

一根油气十足的腊肠，一块黄白相间的煎蛋，一碗热气腾腾的辣汤，配上一碗白花花的米饭，这就是辣汤饭的标配。早上起来，经过一晚的消化，能量消耗得差不多，饥肠辘辘时来一份辣汤饭，瞬间精气神十足。

图 11
位于水巷口的姚记辣汤饭是骑楼老街美食之一

辣汤饭其实并不辣，外地人第一次听到这个名字，大多将其与辣椒联系在一起，认为肯定是汤里加入了大量辣椒调和出来的美味。虽说辣汤饭的重要主角和精华内容确实是辣汤，只不过它是用海南本地特有的白胡椒和各色猪杂按照一定比例和配方熬煮而成的。白胡椒能让猪杂汤散发出独特的香气和温和的辣味，这种香辣没有辣椒的霸道辣味，而是稍微刺激舌尖，使香气回味悠长。

每天清晨，辣汤饭店的厨师早早就要把肥厚鲜嫩的猪肚、猪心、猪舌、猪粉肠等各式猪杂，配上白胡椒老火熬煮好。店门一开，顾客蜂拥而入，厨师根据顾客的口味需求，动作娴熟地将熬煮好的汤打在碗里，再加上几片酸菜、些许葱花，一股香浓的味道立马扑鼻而来。白胡椒回味悠长的香气将猪杂的腥气消灭得荡然无存。人类开始使用胡椒这种调味香料时就知道它能防止食物腐烂，去腥除膻，让肉类味道更加可口。

一口辣汤下肚，白胡椒温和的辛辣味充满口腔，滋润舌尖，整个身体从内到外都感觉到温暖，食欲大振，胃口大开。如果说辣汤里的酸菜让整碗汤更加开胃解腻，葱花则能起到锦上添花的作用，增强汤水的鲜味。经过几个小时的熬煮，汤里的各色猪杂变得软糯无比，入口即化。

油味十足的腊肠和黄白相间的煎蛋绝对是辣汤饭的最佳搭档。大概是气候炎热的原因，海南人的口味素来清淡，喜欢新鲜的食材，辣汤饭里的腊肠似乎是个例外。肥瘦相间的腊肠肉经过油的高温煎炸呈现出醉红色，咬上一口，满嘴肉油，一种独特的香气向外溢出。此时来一口辣汤顺下肚，白胡椒的香辣刚好化解腊肠的油腻，一切都恰到好处，调和得十分完美。煎蛋最大的作用就是让这份美食变得营养丰富。

曾经的码头工人早餐标配

辣汤饭是当之无愧的市井小巷地道美味。说起辣汤饭的起源，可谓是"工人阶级"的早餐标配。海口开埠后，曾经依水而建的水巷口成为官方渡口，岛内外人员往来、商品贸易使这里热闹非凡。特别是在附近的码头，工人们早早就要开工，对于从事体力活的工人们来说，体能的补充就显得尤为重要。辣汤饭物美价廉、热量充足、香辣可口，无疑是最佳选择。后来这种市井小巷"底层美食"逐渐被人们发现，深受大众喜欢，最后就成为现在水巷口的招牌特色美食。刚开始的时候，辣汤饭只是一种早餐，因为它简单又不失美味，而且也能满足人们的营养需求，后来就逐渐演变到现在午餐也能供应，甚至很多人晚餐也喜欢来一份辣汤饭。当年的码头已不复存在，但辣汤饭保留了老街的烟火，见证了水巷口曾经的繁忙景象。

中国的食物讲究色香味俱全，而美食往往受气候、地理、环境、物产及饮食风俗等因素影响，经过漫长的时间磨合，演变出相对特定的烹饪技艺和风味。当然，食客的选择也是一种极为重要的因素，对底层民众而言，市井小巷的草根美食更符合他们对食物的需求。

辣汤饭的灵魂——白胡椒

胡椒和胡荽（香菜）、胡葱、胡桃等一样，名字前带有"胡"字作为前缀，看其名即可知是外来物种，这些作物是汉代至唐代时期通过陆上丝绸之路从西域传进来的。类似地，明清时期从藩属国进来的物种习惯在前面加"番"字作前缀，比如"番薯"；到了近代，从海上贸易传进来的洋火、洋葱、洋番茄等，都具有"来源代码"。

作为世界性的重要香料，胡椒原产于印度西南海岸马拉巴尔地区的热带雨林，距今已有4000多年的栽培历史，后来被移植到东南亚。胡椒有独特的辛辣味，还有丁香的气味，能有效去除肉的腥腻，很早就被当作香料来用，有"香料之王"的美誉。在古老的埃及，人们在研究法老拉美西斯二世的木乃伊时，从木乃伊的鼻孔中发现黑胡椒的存在。而在古希腊、古罗马的菜单上，也频频出现"胡椒"的大名。这些经历让胡椒披上高贵的外衣，成为权贵们追捧的对象。在过去很长一段时间里，许多欧洲国家把胡椒看得与黄金一样珍贵，甚至流传一粒胡椒换一颗珍珠。胡椒也因此有了"黑色黄金"的美称，还曾被当作货币使用。

15世纪，东罗马拜占庭帝国日渐衰弱，穆斯林商人控制了与印度洋、黑海等东方地区之间的调味料（胡椒等）贸易。为此，意大利商人另辟蹊径，绕道好望角与亚洲进行贸易。其最大的动机便是胡椒贸易。当时胡椒是非常重要的商品，其贸易利润巨大。

中国关于胡椒的记载最早见于西晋司马彪《续汉书》："天竺国出石蜜、胡椒、黑盐。"由此推断胡椒原产于天竺国（古印度），汉代开拓通往西域之路后经由丝绸之路传入我国,后来海上丝绸之路兴起,胡椒"进口"路线则更多是先从印度或东南亚运到岭南,再转运到中原地区。但作为稀罕物,胡椒只是皇家贵族的独享之物,尚未进入平常百姓家。

唐宋时期,受益于海洋贸易的繁荣,胡椒通过海上贸易被大量运至中国,当时的胡椒已不再是稀罕物,特别是到了宋代,其已是官方市舶司的重要抽税货物。同时它的药用价值也开始被中医关注,《千金翼方》说胡椒能"下气温中、祛痰、除脏腑中风冷"。

即使到了实施海禁的明代,胡椒同样通过各种渠道被运到中国。明太祖朱元璋在世时就曾以胡椒、苏木等珍贵的南洋特产代发官员的俸禄。

胡椒在海南的正式种植始于明朝,徐光启《农政全书》记载:"交趾、滇南、海南诸地,皆有之。蔓生附树,及作棚引之。"毋庸置疑,这归功于海南岛是海上丝绸之路的重要贸易中转站。第一个将胡椒种子带回海南岛并试验种植的人姓甚名谁,查无实证。不过胡椒真正在海南岛大面积种植是20世纪50年代的事情,当时王裕文、郑宏书等华侨从柬埔寨和马来西亚等地将胡椒引进海南试验种植,并大获成功。如今,海南岛已成为我国最大的胡椒种植地。

图12
辣汤饭

胡椒作为一种独特的调味香料也融入了海南人的各类饮食，成为海南人的灵魂调味香料。从后安粉汤、猪肚煲鸡到辣汤饭，加入胡椒后瞬间有一种独特的芳香和温和的辛辣。胡椒不仅能提味提鲜，还有去腥散寒的作用。

胡椒有黑胡椒和白胡椒之分，二者的差别主要在于采摘的时间段不同，黑胡椒是未成熟时摘下，白胡椒则是成熟后摘下经过去皮加工而成。两者在味道上的区别是，黑胡椒风味浓郁，香气辛辣，能去除肉类及动物内脏的腥膻味，一般西餐牛排习惯用黑胡椒调味。相较而言，白胡椒的香味更为温和，回味悠长，适合长时间炖煮，所以中国人喜欢用其煲汤。

人们常说，一粒种子可以改变世界。小小的胡椒籽，看起来并不起眼，但它一直以自身的魅力影响着中西方的烹饪，在香料史上的地位更是不容小觑。

图13
胡椒是辣汤饭的灵魂佐料，海南是较早种植胡椒的地方，图为打理胡椒园的黎族姑娘

炭烤生蚝：苏东坡流放海南岛研创的美食

生蚝，学名"牡蛎"，在全国各地叫法不一，一般来说有"南蚝北蛎"的说法。两广地区的人习惯叫蚝；闽南和台湾则称之为"蚵仔"；浙江一些沿海地区叫"蛎蝗"；到了山东等地区又有另外一种叫法，"石蛎""海蛎子"。海南人称之为"生蚝"。

每当夜幕降临，忙碌了一天的海南人喜欢接着开始他们的夜生活。吃"夜宵"就是海南人夜生活的重要内容之一，这种生活习惯也深受普通社会民众喜爱。在海南人的夜宵生活中，各类海鲜菜肴自然是主角，炭烤生蚝是海南人最为喜爱的一道美味。

在我们的饮食文化里，很多美食往千百年前追根溯源，总与某位名人有关系，或者出自某个典故。经过炭火烤熟的生蚝，香甜嫩滑，柔软多汁，鲜美无比，软白的蚝肉、鲜甜的蚝汁直抵舌尖，充满口腔，如同海潮一样淹没每位食客的味蕾。但是估计很少有人知道炭烤生蚝的发明者居然是宋代大文豪苏轼。一生喜爱美食，也喜欢研究美食的苏轼，他的美食创造，总是和他的流放地息息相关。"东坡肉""东坡羹""东坡豆腐"据说就是苏轼被贬谪黄州时潜心发明的。作为美食家的苏轼，他对美食的理解和他的诗文一样，融入情感、极其亲民。正因为如此，像猪肉、豆腐、生蚝这些普通常见的食材在苏轼的手里也能化腐朽为神奇，把平凡做到极致也是一种伟大，这就是生活的大智慧。

宋绍圣四年（1097），苏轼从广西徐闻与弟弟苏辙挥泪分别，然后乘舟登岛，前往儋州。当时朝廷一纸诏书，责授苏轼琼州别驾，昌化安置，但不得签书公事。

两年后，也就是宋元符二年（1099），被贬谪海南儋州的苏轼给幼子苏过写了一封信，内容如下：

"乙卯冬至前二日，海南（献）蚝，剖之，得数升肉，与浆入水，与酒并煮，食之（甚）美，未始有也。又取其大者，炙熟，正尔啖嚼（又益）煮者。海外食蟹、螺、八足鱼，岂（有献），每戒过子，慎勿说。恐北方君子闻之，争欲为东坡所为求谪海南，（分）我此美也。"

明朝人陈继儒将其辑刻成帖，收录于《晚香堂苏帖》中，这就是书法名帖的《献蚝帖》。通读全文，语言平实、真情流露、幽默风趣；观赏全帖，笔法娴熟、线条多变、一气呵成，给人一种行云流水、洒脱豪迈的感觉。

从书帖内容我们可以得知，海南四面环海，有取之不尽的生蚝，一生喜爱美食的苏轼贬谪海南儋州期间琢磨起烹饪生蚝，还留下两种烹饪方法：其中一种是把蚝肉取出来，加酒和水一起煮熟。或许是孤悬海外、缺乏烹饪佐料的缘故，海南人对海鲜的烹饪方式极为简单和干脆利落，清水加盐煮即食，这种烹食方式至今仍然深受海南人喜爱。想必苏轼当年用酒和水一起将生蚝煮熟，可能是因为他毕竟是中原士大夫，一时吃不惯海南人对海鲜的生猛食法，所以想用烈酒的醇香去除生蚝的腥味。

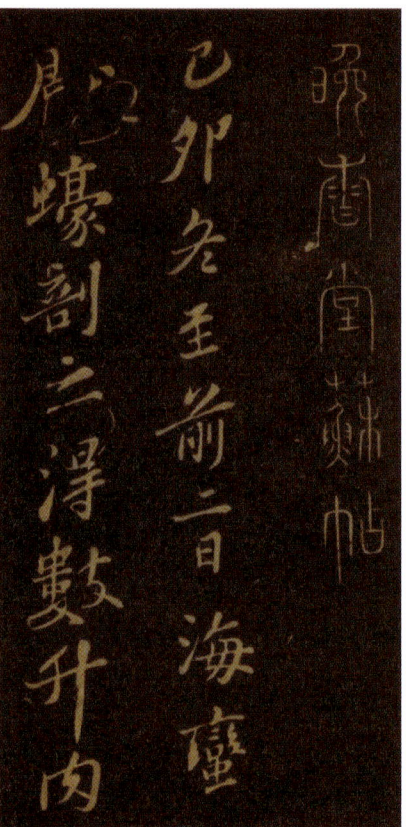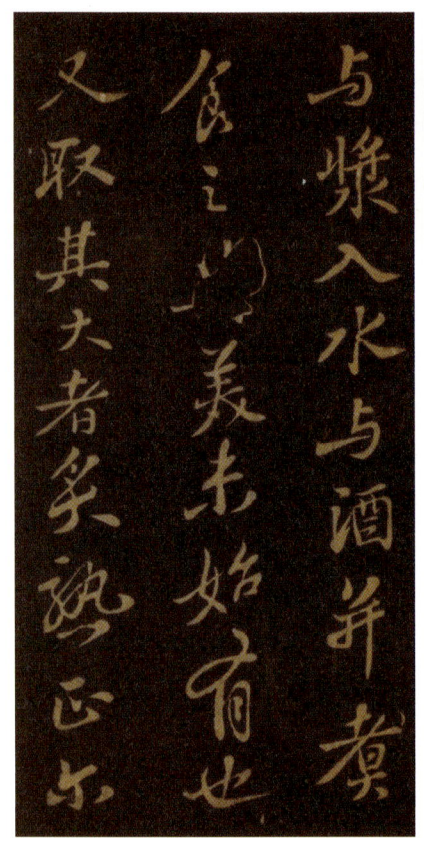

图14
《献蚝帖》
贬谪海南儋州的苏轼给幼子苏过写的一封信被明朝人陈继儒辑刻成帖，收录于其《晚香堂苏帖》中，这就是书法名帖《献蚝帖》

苏轼烹饪生蚝的另一种做法是专门选个头大的生蚝，用炭火来炙烤。他对自己创造的这两种生蚝烹饪方法颇为自信和满意。所以，他在书信的结尾以自己特有的幽默来了一句"恐北方君子闻之，争欲为东坡所为求谪海南，分我此美也"，意思是让幼子不要让北方士大夫知道海南生蚝的美味，担心他们知道了会为了品尝生蚝的美味而争着要被贬谪到海南岛。

海南作为当时的蛮荒之地，难免让南下初次登岛的北人生出"一去千万里，千之千不还，崖州何处在，生度鬼门关"的感觉。这种苦中取乐的境界也只有苏轼能够达到，或许与他晚年潜心研修禅学有关。

关于生蚝的记载，明末清初的诗人屈大均在《广东新语》中描写过蚝民们冬季在风波中收蚝的场景："冬月真珠蚝更多，渔姑争唱打蚝歌。纷纷龙穴洲边去，半湿云鬟在白波。"

如今，人们在享用生蚝美味的同时，如能联想到千年前苏轼创造这道美食的情景，一种有关生蚝的历史文化感则油然而生，带着文化

图 15
炭烤生蚝
生蚝肉肥滑嫩，富含优质蛋白质，肉体为乳白色，被称为"海洋牛奶"

图 16
生蚝养殖
一只美味的生蚝要在海水里浸泡两到三年的时间，尽情地吸收富含各种浮游生物和有机碎屑的海水，直到将海里的营养存留在蚝肉当中。目前，我国是世界上生蚝养殖大国，总产量世界第一，人们想尽各种烹饪方法释放生蚝的美味

感来体验这道美食应该是别有一番滋味。

现在海南人炭烤生蚝时，喜欢在生蚝上放上蒜头末，这样既可去除生蚝的腥味，又能让烤出来的生蚝香味十足。当然生蚝的烹饪方式很多，不加任何调料，将生蚝带壳放入蒸锅中清蒸，也是一种常见做法。生蚝蒸熟后撬开蚝壳，整个蚝肉一口吃下，蚝肉的鲜甜瞬间充满口腔。苏轼给儿子信中提到的"与酒并煮"，这种烹饪方式极为简单，但已难得一见。美国著名作家在《流动的盛宴》里写道："冰凉的白酒冲淡了生蚝那微微的金属味道，只剩下海鲜味和多汁的嫩肉。我吸着生蚝壳里冷凉的汁液，再借畅快的酒劲冲下胃里，那股空虚的感觉消失了，我又愉快起来。"看来，将酒与生蚝搭配起来，古今中外的文人与美食家所见略同。

市井味道

消暑解热饮品

历史文化名街,如果少了小吃,就缺乏味道、活力与生机,有各种小吃才有了地方特色与色彩。小吃越丰富,市井气就越浓郁,城市就越开放,市民就越智慧。所以,在水巷口骑楼老街游逛,口干舌燥时请务必不要错过清补凉、椰子水、冰镇金桔绿茶……

"清补凉":秦代赵佗起的名字

"清补凉",望文生义,心里即生凉爽之感,是海南家喻户晓的消暑美食。一般做法是将绿豆、薏米、芡实、百合等煮熟后进行冰镇,顾客点单的时候,各取少许,加入椰子水或椰奶。海南人把椰子肉磨碎后,注入一些水进行搅拌,就是椰奶。加入椰奶的就叫椰奶清补凉,加入椰子水的就叫椰子水清补凉,二者"各有所味"。据说苏轼流放海南期间,品尝过当地百姓制作的椰奶清补凉后极为称叹,当场盛赞:"椰树之上采琼浆,捧来一碗白玉香。"

关于清补凉的历史来源,传说是秦代南越王赵佗起的名字,已有两千多年的历史,与当年秦始皇平定岭南地区有关。公元前219年,秦始皇平定六国后,任命屠睢为主将,赵佗为副将,举兵50万南下平定岭南。大军到达岭南一带,北方的士兵在炎热和潮湿的岭南地区水土不服,纷纷得病,战事不利。正当众人苦无对策时,一名随军大

图17
清补凉是炎热天气里的美食

图18
椰宝(拍摄于水巷口)
椰子在海南是无人不知,无人不晓,但说起椰宝却未必有几个人知道,只有真正的吃货才会寻找这种美食

夫熬制出一种药食，将百合、莲子、芡实、薏米、淮山等研磨成粉状熬煮食之。士兵们食用后顿感神清气爽，战力猛增。赵佗见状说道："食之清热气、补元气，此物可称清补凉也。""清补凉"由此而得名。

椰子：海南最具代表性的水果

椰风海韵，是外地人对海南最深刻的印象，也是海南最迷人的魅力所在。如果要选一种海南最具代表性的水果，非椰子莫属。在海南人看来，椰子全身都是宝，尤其是椰子水，是纯天然饮料。

在海南，无论是酒余饭后的消暑解渴，还是餐桌酒水的替代饮料，椰子水都是首选。海南人将椰子水称为"海南茅台"，应酬饭局遇到不胜酒力或酒精过敏者，热情的海南人这个时候经常会玩笑道："来扎海南茅台。"在水巷口行走，如果渴了，买个椰子水喝，消暑解渴的功效立竿见影。当然，除了喝椰子水，醇香的椰子肉可以直接食用，尤其是嫩的椰子肉特别香甜爽口。老的椰子肉还可以打火锅，是现在海南名菜椰子鸡最不可或缺的灵魂配料。

椰子几乎无人不知，无人不晓，但要说起椰宝，却极少有人知道。它其实就是老椰子发芽后形成的胎芽，因为长在椰子内部，所以有人形象地形容为椰子"怀孕"了。椰宝有大有小，小的椰宝由于生长周期较短，果肉入口滑嫩，较为甜脆。而较大的椰宝则果肉蓬松，肉质的水分较少，入口绵软。

金桔：植物之酸

"小妹，来几个小金桔。"这是海南餐馆最常听到的话。小金桔是海南人的灵魂蘸料，如白切鸡蘸料、火锅蘸料等，海南人都喜欢用它来调制酸味，并戏称"自然酸"。

海南人不仅将这种金桔用来调制酸味的蘸料，甚至将这种自然之酸和茶饮完美结合，调制出金桔冰红茶、金桔冰绿茶、金桔柠檬……这绝对是炎炎夏日的最佳饮品，爽彻心扉。

海南人对食物原汁原味的追求简直达到了无与伦比的地步。一切食物只要能在大自然之中找到，就无需经过过多人工的工序。这是真正的道法自然，用现在的科学饮食观来看，海南人真正悟透了健康之道。

南洋韵味

当年闯荡南洋的海南人经济实力大多不如来自福建、广东等地的华侨，他们只好经营咖啡馆、茶楼、餐馆等，这类职业门槛低，只要勤快、能吃苦就行。所以，当年在南洋有琼人一统餐饮的说法。后来，海南华侨归国后就将南洋的美食及生活习惯带回家乡，并影响至今。

娘惹菜：南洋风味

娘惹菜是南洋丰富的香料和中华高超的烹饪技艺的完美结合，其最大的特点就是大量使用香料。烹饪时用各种葱、姜、蒜和辣椒等进行调味，同时加入香茅、薄荷、峇拉煎、肉桂等，烹饪出的美食味道十分特别。南洋天气炎热且潮湿，用刺激性强烈的香料烹饪食物可以打开胃口，让人一下子产生食欲。

娘惹菜用料十分复杂，尤其是香料。南洋这个地方自古以来是东西贸易的汇集之地，香料在古代已成为这个地区的重要调味品。借助中国菜的烹饪方法，娘惹菜兼具了两个种族的饮食特点，是南洋最特别、最精致的菜系。地道的娘惹菜香浓而艳丽，酸甜而微辣，色香味俱全，外表、内在兼备。从饮食风格上看，娘惹菜既热情又含蓄，既奔放又内敛，让人意犹未尽、回味无穷。

在东南亚一带，娘惹菜十分盛行，也深受华侨喜爱。娘惹菜即娘惹所烹饪的菜，指的是传统土生华人的家庭料理。作为中国传统文化的传承者，娘惹保留了中国家庭"男主外，女主内"的传统，她们平日足不出户，家里的厨房自然成为消磨时间的好地方。为了立足发

图19
娘惹菜香浓而艳丽,酸甜而微辣,色香味俱全,而且用刺激性强烈的香料烹饪可以打开胃口,让人一下子产生食欲

展,稳定根基,很多海外华人往往迎娶南洋当地上层社会家庭或商贾人家的女子。她们大多属于大家闺秀,在出嫁之前,通常熟习烧菜和珠绣,久而久之,个个烧菜功夫一流。

叻沙是娘惹菜中最声名远播的美味之一,它既有中国菜的内敛含蓄、余味悠长,又有南洋菜的热带风情、酸辣十足。其做法是,先以洋葱、南姜、黄姜、香茅、红辣椒等香料烹炒出香味,再加入南洋特色的椰浆炖煮成汤,吃的时候煮上虾鱼和粗米粉等主料,撒上姜花、酸柑汁等,保证让每一位食客一饱口福。如果有机会到海口骑楼建筑历史文化街区游逛的话,不妨品尝一下娘惹菜,更能感受和体会南洋的饮食文化。

食物不仅可以满足人们的口腹之欲,更具有文化认同和人际关系联结的作用。娘惹菜让海外华人与南洋土著在饮食习惯上找到了平衡与共鸣。

歌碧欧:另类的咖啡文化

海南人喝咖啡的习惯在民国时期便风靡全岛,在琼海、文昌等侨

图20
咖啡树

乡，家里来客不用茶来招待，而是用咖啡来招待。海南人把咖啡叫作"歌碧欧"。

咖啡豆自被发现那天起，就表现出极其强势的传播力，在欧洲、美洲、亚洲，甚至非洲，咖啡文化传播都十分迅速，势如破竹地改变了流经地区和国家的饮料文化。它跨越民族、文化和地域的障碍，成为世界性的社交载体。但作为一个喝了几千年茶的民族，中国人接受咖啡的过程显得十分漫长，咖啡进入中国的时间不仅较晚，而且直至今天也没有成为主流饮品。在很多喜欢咖啡的人看来，中国改革开放后，西风东渐，中国人的口味也发生了很大的变化，这种变化也潜藏着巨大的商机。但事与愿违，作为与可可、茶并称为世界三大饮料的咖啡却没有成为中国人的主流饮料。目前，咖啡在中国还属小众消费品，是少数人的偏好，但咖啡馆在海南岛却与老爸茶店一样随处可见，在各式饮食消费场所，咖啡也绝对是人们最喜欢的饮品之一。

海南"歌碧欧"，平民饮品

"阿妹哦，一盅歌碧欧。"这是海南人最常说也最常听到的一句话，基本上每个市井小巷里的老爸茶馆，每天都听到无数次这句朴素又熟悉、富有海南特色的话。"歌碧"是咖啡在海南话中的音译叫法。

海南人所说的"歌碧欧"就是加糖的黑咖啡，海南话也叫"歌碧 C"，"C"在海南话里是"鲜"的意思，也就是加牛奶的咖啡。

"喝咖啡、讲故事、玩彩票"，这是海南岛民常见的生活方式。海南人骨子里有一种随遇而安、超然自在、率真不做作的天性。尽管摩登城市中喝咖啡或多或少带有一种潮流、时尚的味道，但海南人却放低姿态对待它，让它释放出十分接地气的市井小巷烟火气。

咖啡传入欧洲后深受追捧，便逐步形成咖啡馆的文化传统。咖啡馆成为很多文化名人的聚集场所，他们在那里高谈阔论、潜心创作，激发出思想的火花。咖啡被欧洲人誉为"黑色黄金"，早期的欧洲人将喝咖啡视为贵族身份的体现，各种咖啡馆遍地开花，但却将穷人拒之门外。

法国著名作家巴尔扎克有句名言："我不在家，就在咖啡馆；不在咖啡馆，就在去咖啡馆的路上。"在咖啡的兴奋刺激下，他完成了世界名著《人间喜剧》。拿破仑说："相当数量的咖啡会使我兴奋，同时赋予我温暖和异乎寻常的力量。"

1700 年的时候，英国伦敦的咖啡馆就超过 2000 家，从英国殖民地源源不断运回的咖啡豆为英国百姓能喝上物美价廉的咖啡立下了汗马功劳。人们只要花上极少的钱就能在咖啡馆买上一杯咖啡消磨时间，聆听各界人士的高谈阔论、精辟演说，因此，当时的咖啡馆也有"便士大学"之称。

在海南，上至达官贵人，下至渔民百姓，喝咖啡是老爸茶文化的另一种表现形式。许多海南人的一天就是从一杯"歌碧"开始的，喝咖啡的习惯自近代由海外华侨从南洋带回来开始，就成为海南百姓的生活方式之一。

民国时期，湖南省醴陵人田曙岚好究事物，在游历当时的海南岛后所著的《海南岛旅行记》中就记载海南人喜爱喝咖啡，特别是文昌地区，即便是乡野之地，客人来了也以咖啡招待："今城市多代以咖啡、红茶，而乡村仍然多沿旧习……县属风俗醇厚，民性敏捷而勇于去国，故自海通以来，侨居海外谋生者颇多。而贪慕虚荣，尤为普通一般之共同心理。食、用、服饰以及日常生活，类多效法欧、美。虽乡村小户，亦必咖啡、红茶以待宾客。"

图 21
海南人喝咖啡的习惯在民国时期便风靡全岛，在琼海、文昌等侨乡，家里来客不用茶来招待，而是用咖啡来招待。海南人把咖啡叫作"歌碧欧"

神秘的种子,非凡的历程

咖啡这种小小的植物看似其貌不扬,却和茶一样,在人类的跨域交往、商品贸易、开疆拓土等进程中完成了国界旅行,四处落地生根,开花结果。它们不仅丰富了人们的美食结构,而且也改变了不同文化中芸芸众生的生活方式,甚至改变了一个民族的前途,一个国家的命运,一个时代的格局。从这个意义来看,咖啡、茶等植物的移植历史也是伟大的文化运动,促进了世界文明交流,民族文化融合,生活习俗变化。

有一种说法,咖啡(coffee)一词来源于埃塞俄比亚一个叫卡法(Kaffa)的地名,今天酷爱咖啡的人还有一种挥之不去的埃塞俄比亚情结。事实上,关于咖啡的起源至今仍然众说纷纭,尚无定论。作为咖啡的故乡,现在的埃塞俄比亚仍然流传着许多关于人类发现咖啡的传说。其中牧羊人发现咖啡的故事最深入人心,在世界广为流传。

传说1000多年以前,在埃塞俄比亚西南部有一名叫卡尔迪的牧羊少年,他在放牧的时候发现羊群吃了一种植物的叶子和果实后躁动不安。出于好奇心,他品尝了一些,结果兴奋异常,还和羊群跳起舞来。这些古怪的行为被附近修道院的僧侣看见,他们在食用后马上爱上了这种神奇的果实,这能让他们在漫长的、经常昏昏欲睡的祷告中保持清醒。

不过,咖啡的起源虽然至今仍为谜团,甚至还有咖啡起源于基督教的说法,但咖啡树产于非洲的埃塞俄比亚却是不争的事实。

起初,人们食用咖啡可谓简单粗暴,直接将咖啡树上的咖啡果和叶子一起放在嘴里嚼食,或者把咖啡豆碾碎和动物油脂混合食用。公元6世纪,埃塞俄比亚人自从发现咖啡是好个东西后,他们越过红海出兵也门,并在那里开垦土地,建立咖啡园。当时在也门的阿拉伯人也开始种植咖啡,而且发现它具有提神醒脑的功效。

对咖啡进行确切和详细记载的第一人是10世纪的伊拉克著名医生拉杰斯(Rhazes)。他的医学百科全书中将咖啡豆叫作Bunchum。他在书中不仅提到了咖啡的药理效用、食用方法,而且认为咖啡的故乡是埃塞俄比亚,咖啡的种子在刚果、安哥拉、喀麦隆、利比亚以及科特迪瓦等地都有生长。

公元11世纪,人们尝试着用文明的方式食用咖啡,吃法也就讲究起来，例如把咖啡果肉晒干进行烘焙，用水煮透成提神饮品。这种神奇饮品让穆斯林兴奋不已，因为伊斯兰教禁酒，咖啡的香气霸道、口味浓重，让人神经兴奋刺激，这是比酒还要好的天然心灵慰藉品。于是，阿拉伯人将其带回自己的家园。而且精明的阿拉伯人利用他们横跨非亚大陆的地理优势，让亚洲人也尝到了咖啡这种神奇的饮品，同时他们也垄断了咖啡贸易。

15世纪，咖啡已成为阿拉伯商人手中重要的贸易商品，他们通过曼德海峡将咖啡运到阿拉伯半岛。15世纪末，咖啡传播到整个中东、北非，是当时利润巨大的商品。后奥斯曼土耳其帝国占领了也门，土耳其很快也发现了咖啡的神奇，迷恋上咖啡。现在在海南很多咖啡店还经常会看到菜单上写着土耳其咖啡。

不过宗教界对具有刺激神经效果的咖啡却持保守甚至是敌对的态度，认为咖啡和酒精并无区别，于是曾下令关停所有的咖啡馆。

欧洲人的态度同样如此，到公元16世纪，仍有些教徒将咖啡称为"魔鬼饮品"。或许正是这种"禁忌"的心理引发人们的好奇心，越来越多的人对咖啡趋之若鹜。

18世纪，某些欧洲人还一度认为具备提神兴奋功效的咖啡与茶都有致命毒性。18世纪下半叶，曾亲手创办了瑞典学院的瑞典国王古斯塔夫三世为了验证这一点，他特赦了两名犯有谋杀罪的双胞胎兄弟，他们换取生命和自由的代价很简单，就是终身成为咖啡与茶毒性检测的实验对象：一人每天被迫大量饮用咖啡，另一人则每天被迫饮用同样分量的茶。古斯塔夫三世冷眼旁观，看看谁先中毒而死，让他意想不到的是，终日饮茶的活到83岁去世，每天与咖啡厮守的则活到了88岁，这在当时都是相当的高寿了。更讽刺的是，古斯塔夫三世还没等到实验结束，自己就先与世长辞了。

咖啡是热带作物，欧洲的气候条件显然不适合种植咖啡。随着欧洲对咖啡的需求与日俱增，咖啡贸易利润巨大。土耳其人为了垄断咖啡种植权，严禁咖啡生豆出口，咖啡出口贸易必须是经过水煮或烘焙后的咖啡豆。

中国人有句古话："人算不如天算。"咖啡传入亚洲要从一名叫巴巴·布丹的印度商人说起。公元14世纪，巴巴·布丹从阿拉伯回到印度，他将7颗咖啡豆子贴在肚皮上，过境时，阿拉伯人检查了他所

图22
当年海南华侨冒险从南洋将咖啡种子带回来，就是用图中挂着的小袋装回的

有的行李，唯独没有掀起他的上衣。阿拉伯人的"粗心"开启了咖啡在亚洲的种植历史。布丹把咖啡豆子带回家后，埋在了一个山洞，不久便长出了亚洲第一棵咖啡树。

1616年，掌握着世界海上贸易的荷兰人从也门港口城市亚丁将一棵咖啡树运回本国。这棵咖啡树的种子后来在斯里兰卡落地生根，开花结果。

1699年，荷兰人把咖啡树从印度南部的马拉巴尔海岸运到印度尼西亚爪哇岛、苏门答腊岛、西里伯斯岛、巴厘岛以及东印度群岛的其他地方，并在这些地方种植，大获成功。几年以后，东印度的咖啡产量大到直接决定了世界市场上的咖啡价格。

咖啡在东南亚形成规模化种植，荷兰人的殖民政策"功不可没"。他们要求爪哇、苏门答腊的原住民每户要种植650棵咖啡树，并负责采摘和加工上交给荷兰政府。

1714年，荷兰人给法国送去一棵咖啡树苗，法国政府将其种植在巴黎的植物暖房里。后来，法国一名海军军官从这个植物暖房里得到一棵咖啡树苗,并将其带到北美洲加勒比海的马提尼克。这棵横跨大西洋的咖啡树苗到达马提尼克后顺利生根发芽,开枝散叶。据说,后来很多地方的咖啡树都可以认祖归宗到这一棵树苗。

1871年11月,日本船只因暴风雨漂流到中国台湾的牡丹乡海岸,54名日本人被牡丹社原住民杀害,清朝政府以杀人的是原住民而非汉人为由,未积极响应。1874年日本借此派兵攻台,清政府不敢应战,只能赔偿日本黄金50万两,日军撤出台湾,史称牡丹社事件。这起事件,让清政府开始重视台湾边防与原住民的管理,希望通过农业引导加速原住民汉化。1877年,福建巡抚丁日昌拟定《抚番开山善后章程》,里面提到帮助原住民栽种"茶叶、棉花、桐树、檀木以及麻、豆、咖啡之属……"这应该是中国最早记载咖啡的文献。

从词汇学的角度来看,"咖啡"两字不是惯用的汉字或用语。康熙字典中就找不到"咖"字,只有"啡"。"咖啡"这个词在中国出现得比较晚。实际上咖啡刚入中国的时候,译法极多,且十分怪异,如"磕肥""黑酒""加非茶""高馡""考非"等。

咖啡种子的海南旅行

在世界文化传播与商品贸易史上,咖啡无疑是一个极为重要,也绕不开的见证物。相对于世界其他国家和地区,中国人接受咖啡这种饮品时间较晚,咖啡种植就更迟了。1750年,咖啡种植已遍布世界五大洲,而中国人有关咖啡的文献记载,最早可能是1877年,福建巡抚丁日昌颁定的《抚番开山善后章程》。或许是受茶饮的影响,茶叶当中同样含有咖啡因,同样具有提神醒脑的作用,茶叶的内敛也较为符合中国人的精神气质。而海南人接触咖啡、享用咖啡的时间在全国而言算是走在前列。海南人喝咖啡的历史是从清末开始的,发展到今天已成为海南人标配的闲暇时光消遣方式。在东南亚,流传着一句顺口溜:"潮州粉条福建面,海南咖啡人人传。"

北纬15°至北回归线之间被认为是种植咖啡的最佳地带,海南澄迈、万宁等地恰巧都在这个区间,且土壤多为玄武岩和花岗岩风化形成,土层深厚,土壤肥沃。海南气温年均22~26°C,年光照为1750~2650小时,光照率为50%~60%,有"天然大温室"之称,年降水量达到1600毫米以上。这是咖啡的理想种植地,特别是罗伯斯塔咖啡更为适宜，在澄迈、万宁、文昌等地都有大面积种植，也培育出"兴隆""福山""力神"等咖啡品牌。

陈铭枢在《海南岛志》中写道："咖啡之在中国，惟本岛宜于栽种。"不过因为炎热多雨，空气湿热且海南岛海拔较低和温差较小，有名的小粒种咖啡——阿拉比卡种咖啡并不适合在海南种植。

咖啡在海南的种植和推广，海外华侨同样功不可没。华侨应该是中国人最早认识、接触、了解和推广咖啡的一个群体。早期，新加坡的咖啡店基本上都是海南人开设的，而且还成立了琼侨咖啡公会。咖啡店相对其他行业而言，所需资金不多，适合经济实力较薄弱的海南华侨创业。

韩元山在《人情咖啡一样做——琼州人与战前新加坡咖啡店》里讲到当年海南人在新加坡开设咖啡店的情况：当年经营咖啡店这种行业的特点，一是营业时间长，工作繁重，缺乏吃苦耐劳精神的人，很难在这个行业长久待下去；二是营业成本不高，但是利润也非常微薄，没有暴富的机会，这是一种以劳力去换取生活费用的工作；三是老板也要亲自动手做工，老板一个人应付不来，太太、孩子也要出来当帮手，即使雇人做工，所雇的多半是自己的亲戚，所以，劳资关系往往与亲属关系混合在一起，难分难解。

由此我们也可以看出，当年几乎占据南洋咖啡行业大半江山的海南人对咖啡十分了解，尤其是咖啡饮品的制作。

关于海南岛引种咖啡树的时间，主要有以下两种说法：

第一种说法是1908年，由我国著名橡胶垦殖之父——何麟书从马来西亚引进。在很多地方志、农垦志和农业史中都记载，1908年何麟书从马来西亚引进咖啡种子，在橡胶园地试种，并收获成功。《何氏家谱》中记载何麟书："究心种植之学，开合口嘴山，购外国橡胶、咖啡种植于琼地，有橡胶、咖啡种子自此始。"《琼海县志》也有记载："清光绪三十四年（1908），华侨何麟书从马来西亚引进咖啡种子，在境内试种100亩，获得成功。"

第二种说法是早在1898年，一位叫邝世连的农民已从马来西亚携带咖啡树种子回海南岛并栽培成功。1880年，邝世连出生在文昌县（现为文昌市）南阳公社，1898年，19岁的他到马来西亚投奔外家大舅，因不适应当地的生活习惯，仅半年就返乡，回来时携带了一

图23

民国时期，华侨将咖啡种子引进海南岛，在万宁、琼海等地大力推广种植

些咖啡树的种子，栽在自家，不承想种活了12株。关于邝世连种活的咖啡树，1981年2月7日出版的《海南日报》一篇题为"咖啡树王"的文章曾记载："文昌县南阳公社高星大队石人坡邝生产队，有一株已生长八十三年的咖啡树，它虽几经台风等自然灾害的袭击，但至今仍然枝繁叶茂，年年结果累累，寿命古老仍枝繁叶茂，看不出半点老态。当地人都称它为'咖啡树王'。"

可惜的是，在2000年，邝家后人修盖房子，这12株咖啡树都被砍掉了。然而经过它们培植出来的二代、三代咖啡树却仍存活在邝家的房前屋后，繁衍至今。

1935年，印尼华侨陈显彰在"泉甘土肥"的澄迈福山一带大规模种植咖啡，获得成功。今天，澄迈福山咖啡在海南可谓家喻户晓，比最初闻名于世的万宁兴隆咖啡更具知名度。

在海南种植的罗伯斯塔咖啡属于"中粒种"，其味道浓厚不苦涩，香醇不味烈，且略带果香，是咖啡中的"少数派"和"上品"。同样是咖啡，19世纪由法国传教士带到云南的种子种植出来的咖啡豆以铁比亚与卡特莫两种为主，属于小粒种咖啡。

与欧洲人的态度不同，咖啡在亚洲的传播一开始就表现出与平民亲近的姿态。咖啡这种饮品刚传入亚洲时，很多国家和地区的人们将咖啡在街头摆摊售卖，或提壶走街叫卖，价格也极为亲民，通常只要

南洋韵味

几毛钱即可。咖啡最初与海南人见面的时候,也不是以奢侈品和稀罕物的姿态出现。

咖啡的海南喝法

在咖啡馆或老爸茶店,点上一杯掺配炼奶的香醇可口的"歌碧欧",配上一碟各式甜点,三五好友高谈阔论,享受清闲,优哉游哉地消磨着仿佛永远也消磨不完的时光。咖啡的香气飘荡在时空中,悠然长久。被都市小资奉为时尚、奢侈的咖啡文化,在海南却被诠释得平常而朴素。

真正的海南咖啡文化并不彰显在高楼大厦、高端酒店里,而是隐匿在像水巷口这种普通的大街小巷里。它无需装潢富丽、器物精美,简单的桌椅、随意的杯碟,配上可口的甜点,充满市井之气、体现平民之味,人间烟火气息十足。

一杯咖啡下肚之前无非就是一道研磨冲泡的程序,但是人们却将其玩出百式花样,为的就是让咖啡像茶道一样充满仪式感。咖啡调制方法多样,喝法讲究,因日本人迷恋手冲咖啡,东京神田须田町的柴田弘制造所制造出虹吸咖啡壶;印度尼西亚西人则偏爱用纯手工打造的铜制咖啡手冲壶来调制咖啡。水巷口里的海南人喝咖啡就没有那么多繁文缛节,器物也是"简单粗暴",十分符合海南人的直率个性。

咖啡、可可与茶并称为世界三大饮品,咖啡在中国的消费虽然无法与茶相比,中国人对它的态度一直是不冷不热、不温不火,但它从传入开始就被贴上时尚、浪漫和现代的生活主义标签。狂野的非洲孕育了它的野性,神秘的伊斯兰世界开启了它的香醇,时尚的欧洲贵族调制了它的精致与品位。传到海南岛后,豁达乐观、直率利落和厌恶形式主义的海南人硬是让它成为了一种市井消费、平民嗜好,没有了脾气、没有了个性,也没有了高高在上,一切只是为了减缓生活的压力,让食物回归本位,满足味蕾,以食会友,愉悦心情。今天我们走在水巷口骑楼街道上,各式咖啡店和咖啡馆依然随处可见。

美食小街

根据龙华区的发展规划及骑楼公司的改造设计，海口骑楼老街首期规划的主要构思是：千年琼州，引进海南非遗技艺或老字号；百年骑楼，展示南洋生活方式；当代海口，传播文创艺术；烟火水巷口，规划设计具有海南特色的沉浸式美食文化一条街。整个骑楼老街将通过业态优化调整，逐步形成主题分明、功能互补的街巷，满足市民游客"吃、住、游、购、娱"的功能需求，让骑楼老街更具生命力和吸引力。

水巷口街位于海口骑楼历史文化街区的核心区范围，自博爱北路水巷口街交叉口到振东街水巷口街交叉口，分为东、西两段。西段较早就完成了立面和市政改造，东段2022年之前处于未改造状态，建筑面貌复杂，一半为留存下来的传统骑楼，破败程度较为严重，大部分为20世纪70、80年代建设的民居筒子楼、单元楼，其居住、使用环境均需改善。2022年6月，水巷口步行街整治提升工程项目提出的设计思路是：加强业态规划，把水巷口改造成为海南特色美食新地标；尊重历史中形成的老街空间和文化遗存，在不断变化的社会背景下传承发展传统文化；应用"设计、艺术、创新"手段赋能老街更新，延续水巷口的烟火气。

吃、住、行、游、购、娱是旅游行业的六大要素，其中吃排在首位。水巷口被定位为海南特色美食街并非随意之举，亦非一时之策。中国人对吃这件事情，古往今来都极为重视，所谓"民以食为天"。骑楼老街作为人气旺盛的旅游胜地和百年商埠，自然离不开吃的元素。水巷口自古以来就是官方渡口、交通枢纽，连接海陆，是人员集散之地、商品交易之所，百货汇集于此。今天将其定位为海南各地美食荟萃之地，可谓因地制宜，一脉相承。这种业态调整和布局规划具有一定的合理性、科学性和延续性。

据了解，龙华区及骑楼公司已着手大力推进水巷口美食文化街的打造。在这里，游客不仅可以品尝到海南各地特色美食，而且还能享受到来自东南亚的不同风味。这里曾开过一家林记马来西亚娘惹菜餐厅，总厨来自马来西亚，是一位纯娘惹血统的第9代传人，传承了传统娘惹菜精湛的烹饪技巧。坐在这些具有东南亚风情的餐厅里，人们总是不由自主地想起海南人闯荡南洋的历史。

为了吸引外来游客，骑楼公司特别注重引进海南本土餐饮品牌，规划在水巷口汇聚海南各地美食，让旅客体验舌尖上的海南。

人们从长堤路拐入水巷口街时，第一眼便会看到新海府不夜城。新海府创立于1998年，是海南本土著名餐饮品牌，2013年荣获海南省商务厅、中国饭店协会颁发的"中国（海南）年度最佳老字号餐饮名店"称号。"做海南菜、讲海南故事、传播海南文化"，是新海府的立店之本。2023年8月，新海府骑楼店正式在水巷口开张营业，店里每天都有琼剧表演，深受各地游客喜爱。

除了新海府这种餐饮大品牌以外，一些老海口的特色美食很早就在水巷口开店营业，如南门牛腩、吴日彪炸排骨等都在水巷口设有分店，成为这条不长的巷子里的"明星小吃"，是老海口人念念不忘的街头美食，生意好时，从清晨到黄昏，食客络绎不绝。

在水巷口街边，海南传统老盐柠檬水、老盐黄皮与椰子冻、清补凉、刨冰等，是夏日里最受欢迎的解暑佳品。网红水吧"甄大福"里各类老盐水果茶是诸多市民和游客的打卡点。这些特色的冷饮是近代华侨对海南人生活方式和饮食方式产生影响的见证。著名社会学家陈达在《南洋华侨与闽粤社会》一书中曾写道："在南洋的中国人，普遍不喝热茶，大概因为南洋天气炎热，且因食品比较洁净，冷饮料亦于卫生无害，因此中国人把传统的习惯都改变了。不但如此，有许多侨民也把冷饮料设法介绍到国内，如刨冰、汽水、冰激凌、冰咖啡等。目下在国内的许多市镇及有华侨的乡村等，这些冷饮料也逐渐通行起来。"[1]

图24
南门牛腩创建于1985年，是海口人耳熟能详的平民美食，发源地在博爱路，毗邻水巷口

图25
骑楼·新海府不夜城位于水巷口步行街入口正对面

---

[1] 陈达.南洋华侨与闽粤社会[M].北京：商务印书馆，2011：117.

毓香坊
南门牛腩
鲜 米线 梅菜扣肉
海南糕香柠茶
梅菜扣肉饼

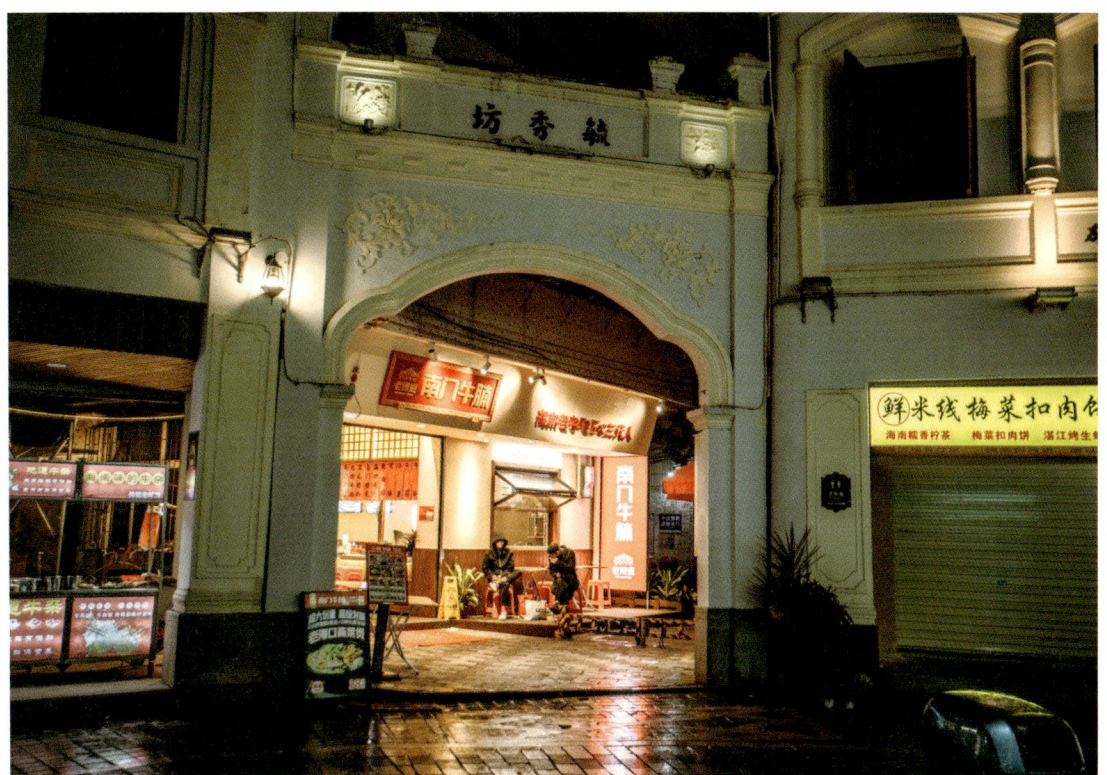

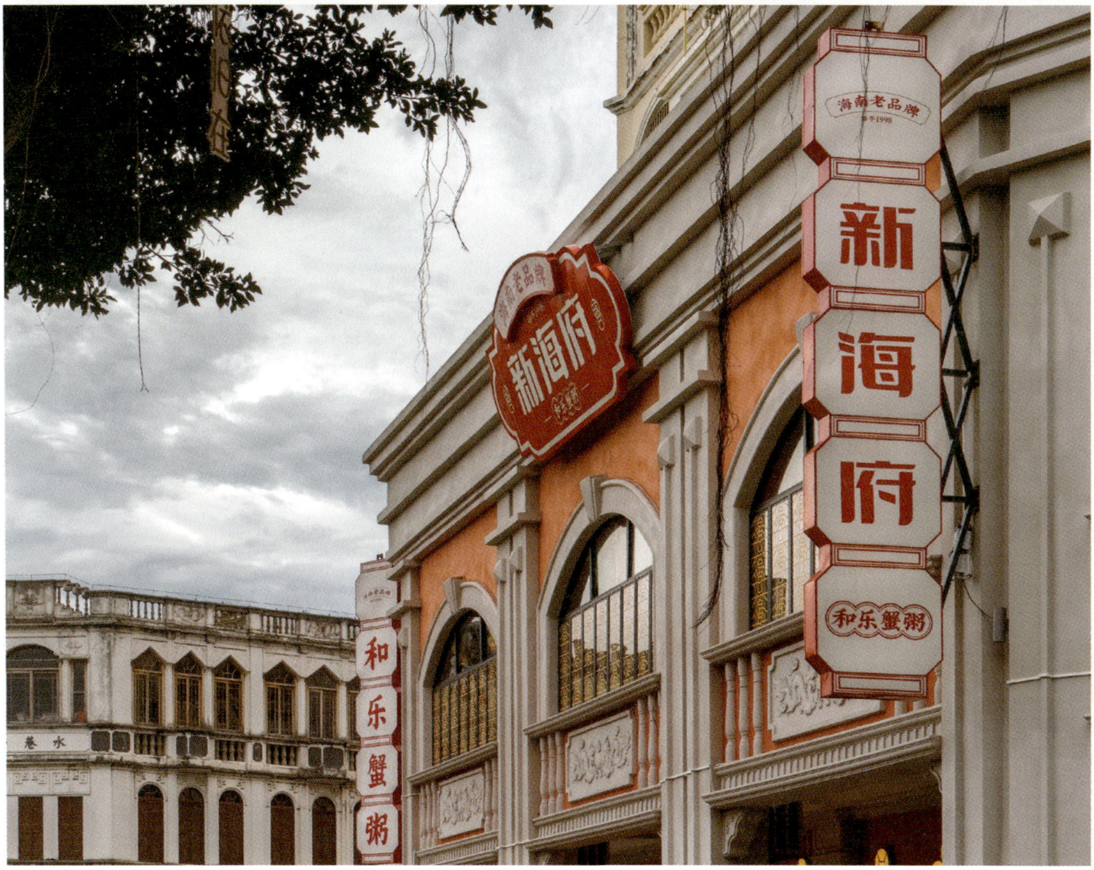
海南老品牌
始于1998
新海府
和乐蟹粥
新海府
和乐蟹粥
水巷

在骑楼老街游玩之后,在水巷口品尝各色美食,再来一杯咖啡,绝对是一次不错的体验。水巷口步行街入口处便有几家咖啡店,其中母山咖啡店房子的主人是一位长期在柬埔寨经商的华侨。母山咖啡拥有65年的历史,与兴隆咖啡、福山咖啡一样,是海南本土咖啡品牌。其原产地在海南黎母山,那里阳光充足,土地肥沃,气候宜人,负氧离子浓度高,自然环境可谓得天独厚。"母山"咖啡创立品牌的过程中先后使用过"大丰牌""岛牌"和"琼丰"三个商标,其历史最早可以追溯到1956年。当时,在海南琼中黎母山脚下的"大丰"育种站,农垦科研人员对阿拉比卡、罗布斯塔等引进咖啡品种进行长期对比试种,最终以罗布斯塔作为基础种质,培育出海垦"大丰1号"和"大丰2号"两个中粒种咖啡嫁接品种,其既有罗布斯塔咖啡的优良品质,又克服了咖啡产量周期波动的不足。2021年11月,母山咖啡获得北京绿色交易所颁发的碳中和证书,成为中国首款实现碳中和的咖啡,开启了绿色发展的新思路。

图26
母山咖啡店位于水巷口步行街入口处南屿制咖旁边

水巷口特色美食街能够取得重大成功，探索出一条创新之路，关键在于其对于代表性美食文化的挖掘，及其缘起历史逻辑的叙述。这些美食故事的阐述离不开水巷口所在的地理环境以及人们的生产和生活方式。以辣汤饭举例，这种美食的故事本身具有极强的可述性和丰富度，这是特色美食塑造的基础和优势。第一，它作为一道特色美食被传承下来，直接印证了水巷口曾经是繁华的商埠码头，为人们提供了想象的载体；第二，这种食物再现了当年码头工人们的经济条件和生活、生存状态，仅就味道而言，对于今天物质满足度极高的人们，辣汤饭算不上什么美味佳肴，然而很多水巷口及其周边居民至今仍保留着不时过来品尝这道美食的习惯，体现了人们对往日集体记忆的怀念，这就是具有历史故事的美食魅力之所在；第三，辣汤饭的发明，既体现出当年水巷口经商创业者的底层智慧，又展现出草根阶层在逆境中生存仍不忘对美食的创新发明，展现其对生活的豁达与乐观。

水巷口特色美食街，首先真实体现和有效再现了往日故事和历史信息，让旅客在味蕾得到满足的同时，又能享受到一场文化之旅，增长见识；其次，在汇聚海南各市县美食的同时，重视其故事叙述和深度溯源，推动海南美食申报国家非物质文化遗产；最后，重视海南美食兼容并包的特点，即学习、吸纳和包容海外的美食制作技艺和文化，再结合海南独特的自然环境和生产方式，强化食材标准和原料配比。讲好故事，做好追本溯源和历史传承，让琼式美食逐渐成为新派菜系。

发扬海南美食历史文化，完善海口旅游特色业态，水巷口让更多的人了解并爱上海南美食，将海南的美食与文化传播得更远。

附录：妈祖信仰发展年表

朝代	时间	功绩	册封名号
宋朝	宣和五年（1123）	海上显灵，救助出使高丽的官员路允迪	宋徽宗赐庙额"顺济"
	绍兴二十六年（1156）	显灵解救旱灾	南宋高宗赐封灵惠夫人
	绍兴三十年（1160）	神见空中，起风涛烟雾寇溃就获	南宋高宗赐封灵惠昭应夫人
	乾道三年（1167）	以甘泉解救兴化大疫	南宋孝宗赐封灵惠昭应崇福夫人
	淳熙十一年（1184）	相助平定海寇	南宋教宗赐封灵惠昭应崇福善利夫人
	绍熙元年（1190）	救济旱灾	南宋光宗特封灵惠妃
	庆元四年（1198）	降雨救济旱灾	南宋宁宗赐封灵惠助顺
	开禧元年（1205）	救济旱灾、助擒贼	灵惠助顺显卫妃
	嘉定元年（1208）	助宋战胜金人	南宋宁宗赐封灵惠助顺显卫妃
	嘉定十年（1217）	降雨救旱，助灭海寇	南宋宁宗灵惠助顺显卫英烈妃
	嘉熙三年（1239）	退钱塘大潮	南宋理宗赐灵惠助顺嘉应英烈妃
	宝祐二年（1254）	解旱灾	南宋理宗赐封灵惠助顺嘉应英烈协正妃
	宝祐四年（1256）	助修钱塘堤成功	南宋理宗赐封灵惠协正嘉应慈济妃
	景定三年（1262）	火助平获海盗	南宋理宗赐封灵惠显济嘉庆喜庆妃
元朝	至元十五年（1278）		元世祖忽必烈封赐封护国明著灵惠协正善庆显济天妃
	至元十八年（1281）		元世祖忽必烈赐封护国显佑明著天妃
	大德三年（1299）	漕运效灵	元成宗赐封护国辅圣庇民显佑明著天妃
	延祐元年（1314）		元仁宗赐封护国辅圣民显佑广济明著天妃
	天历二年（1329）		元文宗赐封护国辅圣庇民显佑广济灵感助顺福惠徽烈明著天妃
明朝	洪武五年（1372）	神功显灵	明太祖赐封昭孝纯正孚济感应圣妃
	永乐七年（1409）	屡立护佑大功	明成祖永乐赐封护国庇民妙灵昭应弘仁普济天妃
清朝	康熙十九（1680）	助克厦门	清康熙赐封护国庇民妙灵昭应弘仁普济天上圣母
	康熙二十三年（1684）	征澎湖得捷平定台	清康熙赐封护国庇民妙灵昭应仁慈天后
	乾隆二年（1737）		清乾隆赐封护国庇民妙灵昭应弘仁普济福佑群生天后
	乾隆二十二年（1757）		清乾隆赐封护国庇民妙灵昭应弘仁普济福佑群生诚感咸孚天后

朝代	时间	功绩	册封名号
清朝	乾隆五十三年（1788）	神火引航	清乾隆赐封护国庇民妙灵昭应弘仁普济福佑群生诚感咸孚显神赞顺天后
	嘉庆五年（1800）		清嘉庆赐封护国庇民妙灵略应弘仁普济福佑群生诚感咸孚显神赞顺垂慈笃佑天后
	道光六年（1826）	庇护海漕	清道光赐封护国庇民妙灵昭应弘仁普济福佑群生诚感咸孚显神赞顺垂慈笃佑安澜利运天后
	道光十九年（1839）		道光赐封护国庇民妙灵昭应弘仁普济福佑群生诚感咸孚显神赞顺垂慈笃佑安澜利运泽覃海宇天后
	道光二十八年（1848）	庇佑漕运	清道光赐封护国庇民妙灵昭应弘仁普济福佑群生诚感咸孚显神赞顺垂慈笃佑安澜利运泽覃海宇恬波宜惠天后
	咸丰二年（1852）	庇护海漕	清咸丰赐封护国庇民妙灵昭应弘仁普济福佑群生诚感咸孚显神赞顺垂慈笃佑安澜利运泽覃海宇恬波宜惠导流衍庆天后
	咸丰三年（1853）	助台、澎一带得神护佑	清咸丰赐封护国庇民妙灵昭应弘仁普济福佑群生诚感默佑咸孚显神赞顺垂慈笃佑安澜利运泽覃海宇恬波宜惠导流衍庆靖洋锡祉天后
	咸丰五年（1855）	海口击退盗艇	清咸丰赐封护国庇民妙灵昭应弘仁普济福佑群生诚感咸孚显神赞顺垂慈笃佑安澜利运泽覃海宇恬波宜惠导流衍庆靖洋锡祉恩周德溥天后
	咸丰五年（1855）	庇佑漕运	清咸丰赐封护国庇民妙灵昭应弘仁普济福佑群生诚感咸孚显神赞顺垂慈笃佑安澜利运泽覃海宇恬波宜惠导流衍庆靖洋锡祉恩周德溥卫漕保泰天后
	咸丰七年（1857）		清咸丰赐封护国庇民妙灵昭应弘仁普济福佑群生诚感咸孚显神赞顺垂慈笃佑安澜利运泽覃海宇恬波宜惠导流衍庆靖洋锡祉恩周德溥卫漕保泰振武绥疆天后之神
	同治十一年（1872）	庇佑漕运	"经礼部核议，以为封字号过多，转不足以昭郑重，只加上'嘉佑'二字"

注：表格中空白项表示"不详"。

参考文献

[1] 章巽.古航海图考释[M].北京：海洋出版社，1980.

[2] 琼山县地名志编纂委员会.海南省琼山县地名志[M].北京：中华书局，1988.

[3] 辛业江.海南奇观[M].北京：人民日报出版社，1990.

[4] 邢益森.海南乡情揽胜[M].海口：南海出版公司，1993.

[5] 孙波.南海奇观[M].香港：香港和平图书有限公司，1992.

[6] 柳毅.柳毅书画[M].海口：南海出版公司，1992.

[7] 王天津.明珠海南的民俗与旅游[M].北京：旅游教育出版社，1996.

[8] 韩振华.南海诸岛史地研究[M].北京：社会科学文献出版社，1996.

[9] 辛业江.中国南海诸岛[M].海口：海南国际出版中心，1996.

[10] 安京.中国古代海疆史纲[M].哈尔滨：黑龙江教育出版社，1999.

[11] 杜世拔.海南山水风物传说集[M].海口：南海出版公司，1999.

[12] 曲金良.海洋文化概论[M].北京：中国海洋大学出版社，1999.

[13] 海南百科全书编纂委员会.海南百科全书[M].北京：中国大百科全书出版社，1999.

[14] 汪晖.现代中国思想的兴起[M].北京：生活·读书·新知三联书店，2004.

[15] 冯子平.泰国华侨华人史话[M].香港：香港银河出版社，2005.

[16] 竹内好.近代的超克[M].北京：生活·读书·新知三联书店，2005.

[17] 滨下武志.中国、东亚与全球经济：区域和历史的视角[M].北京：社会科学文献出版社，2009.

[18] 白永瑞.思想东亚：朝鲜半岛视角的历史与实践[M].北京：生活·读书·新知三联书店，2011.

[19] 孙歌.我们为什么要谈东亚：状况中的政治与历史[M].北京：生活·读书·新知三联书店，2011.

[20] 王海平.海南文化产业发展途径及对策研究[D].哈尔滨：哈尔滨工业大学，2016.

[21] 徐清华.明清海南方志中《物产志》的研究[D].海口：海南师范大学，2018.

[22] 张凯丽.海口骑楼历史文化街区振龙坊的更新改造设计研究[D].海口：

海南师范大学，2022.
[23] 金荣.海南妈祖文化的保护与旅游开发研究［D］.三亚：海南热带海洋学院，2022.
[24] 熊钰.海口骑楼历史文化在立体书中的研究应用［D］.海口：海南大学，2022.
[25] 于冰冰.历史街区景观符号的挖掘与体验化设计——以海口骑楼老街为例［D］.海口：海南大学，2023.
[26] 董玉明.海洋旅游［M］.青岛：青岛海洋大学出版社，2002.
[27] 张介文.关于海南的移民问题［G］//琼粤地方文献国际学术研讨会论文集.海口：海南出版社，2002.
[28] 葛兆光.宅兹中国：重建有关"中国"的历史论述［M］.北京：中华书局，2011.
[29] 梁统兴.琼台胜迹记［M］.海口：南海出版公司，2000.
[30] 王俞春.海南移民史志［M］.北京：中国文联出版社，2003.
[31] 司徒尚纪.岭南海洋国土［M］.广州：广东人民出版社，1996.
[32] 何光岳.百越源流史［M］.南昌：江西教育出版社，1989.
[33] 王燕萍.海南本土文学在传统文化的有效呈现［J］.湖北开放职业学院学报，2023（16）：193-195.
[34] 陶信伟."一带一路"背景下海南民俗文化跨文化传播路径研究［J］.海南开放大学学报，2021（3）：14-19.
[35] 周群林."一带一路"视域下海南高职教育发展前景［J］.湖北开放职业学院学报，2021（16）：25-26.
[36] 赵兴雅，胡文荟.海口骑楼更新现状调查研究［J］.城市建筑，2022，19（15）：154-158.
[37] 范文澜.中国通史简编（第2编）［M］.北京：人民出版社，1964.
[38] 贺圣达.东南亚文化发展史［M］.昆明：云南人民出版社，1996.
[39] 朱逸辉.狮城纪实［M］.海口：南海出版公司，1992.
[40] 邹雪媞.南洋文化影响下的文昌近代华侨民居建筑特征［D］.海口：海南大学，2016.

图片来源

第 1 章

图 1~图 3，图 5，图 6，图 8~图 10，图 12，图 22　王文燕拍摄

图 4，图 7　1920 年《海口所城》地图 [EB/OL].（2022-08-02）[2023-10-07].
　　http://www.txlzp.com/ditu/6034.html

图 11　琼州府古地图：手绘于 1840 年以前 为传世孤本 [EB/OL]. (2016-11-29) [2023-10-09].
　　http://www.rmzxb.com.cn/c/2016-11-29/1178160.shtml

图 12　1836 年《琼郡地舆全图》[EB/OL].（2021-11-06）[2023-10-07].
　　http://www.txlzp.com/ditu/526.html

图 13　海口市地方史志编纂委员会.《海口市志》[M]. 北京：方志出版社，2004

图 14~图 18　蔡家瑶翻拍于海口市博物馆、海南省博物馆，刘惠丰、符玉修图

图 19　水巷口居民提供

图 20　谢有发根据 1939 年日本军队从海口港登陆侵略海南岛时，日本出版的画报《海南岛奇袭·第一报》翻拍

图 21　蔡家瑶翻拍于海南省博物馆，刘惠丰、符玉修图

图 23　邓本殷 [EB/OL]. [2023-10-07].
　　https://baike.so.com/doc/8939893-9267218.html

图 24　海口市档案馆提供

图 25，图 29~图 30　海口骑楼老街投资开发有限公司提供

图 26~图 28　张恕晗拍摄

第 2 章

图 1~图 6，图 12~图 19，图 25~图 32　王文燕拍摄

图 7~图 9　蔡家瑶征集照片，刘惠丰、符玉翻拍和修图

图 10　蔡家瑶翻拍于海口市博物馆

图 11　刘惠丰根据 1939 年日本侵略海南岛时出版的《画报跃进之日本·海南岛攻略号》翻拍

图 20~图 24　海口骑楼老街投资开发有限公司提供

第 3 章

图 1，图 2，图 11　新华社国际部. 南海文明图谱：复原南海的历史基因 [M]. 北京：新华出版社，2017

图 3，图 8，图 9　向达整理. 郑和航海图 [M]. 北京：中华书局，1961

图 4，图 5　梁二平. 风帆五千年：历史图像中的帆船世界 [M]. 北京：生活·读书·新知三联书店，2021

图 6，图 7　罗德里希·普塔克. 海上丝绸之路 [M]. 史敏岳，译. 北京：中国友谊出版公司，2019

图 10　央视记录片《下南洋》

图 12　祁广谋，钟智翔. 东南亚概论 [M]. 北京：世界图书出版公司，2013

图 13~图 15　蔡家瑶提供图片，刘惠丰、符玉翻拍和修图

图 16~图 19　海南省博物馆官网 [EB/OL]. [2023-10-07].
　　https://www.hainanmuseum.org/hnbwgcms/node/163

图 20　王文燕拍摄

第 4 章

图 1~图 15　王文燕拍摄

第 5 章

图 1~图 4，图 6~图 11，图 17，图 18，图 21，图 26　王文燕拍摄

图 5　海口骑楼老街投资开发有限公司提供

图 12　刘惠丰拍摄

图 13　首阳. 来自天竺的奢侈品 胡椒走下神坛之路 [J]. 国家人文历史，2022（3）：70-77

图 14　蔡家瑶翻拍自明拓《晚香堂苏帖》

图 15　符玉拍摄

图 16　林晓. 生蚝 珍藏海水的滋味 [J]. 中国国家地理，2020（12）

图 19　在梧林，穿越时代的季风 [EB/OL].（2022-03-04）[2023-10-07].
　　https://baijiahao.baidu.com/s?id=1726364538445413891&wfr=spider&for=pc

图 20，图 22　蔡家瑶拍摄

图 23　蔡家瑶翻拍于万宁市 M1 咖啡奇幻工厂

图 24~图 25　张恕晗拍摄

致谢

　　说来也是机缘巧合，我大学毕业后的第一份工作就是与骑楼打交道。2007年，我很荣幸应聘到海口旅游文化投资控股集团（下文简称"海旅集团"）工作，负责海口骑楼老街人文调查等内容。当时水巷口、中山路、博爱路等骑楼老街因年久失修，许多骑楼已成为危房。人们对它的历史意义和文化价值也认识不足，重视不够。

　　当时骑楼老街虽然破旧不堪，但它们地处市中心，临海面港，交通发达，地理位置绝佳，如何对其开发与利用，是一道难题。各种声音皆有：拆除改造、地产建设、保护利用等。或许是文化情怀，或许是热爱这片乡土，当然也有一点初生牛犊不怕虎的精神，我在讨论项目方案时坚持认为，海口骑楼老街是海口最重要的文脉所在，应该实施保护性开发利用，要坚持修旧如旧的原则。推倒重建，是对这座城市存留的历史文化遗产的犯罪。当时一些城市盲目开发建设，割断了历史文脉，一批具有重要历史、艺术和科学价值的文物古迹遭到人为损毁，甚至通过"拆毁真文物，制造假古董"来亡羊补牢。也有一些城市出现众多由传统街道改造而成的仿古商业街，独具特色的历史街区逐渐失去其应有的历史信息和真实价值。

　　在那个大拆大建的背景下，海口骑楼老街无疑是幸运的。这当然得益于一些有远见的领导和长期呼吁的专家，是他们为海口这座城市留存了一处重要的文脉和有形的文化载体。每每忆及当初自己曾参与其中，虽人微言轻，仍不失自豪，倍感幸运。

　　2008年，我到了高校工作，但仍一直关注海口骑楼老街保护和研究工作，与海旅集团的相关领导和同事仍然保持着联系。2009年6月10日，首批"中国历史文化名街"授牌庆典在北京举行，海口骑楼老街以其唯一性、独特性荣获首批十大"中国历史文化名街"称号。2010年6月，海旅集团专门成立了海口骑楼实业发展有限公司，主要负责海口骑楼建筑历史文化街区的运营管理和旅游化改造，骑楼项目也从原来的海旅集团转移过来。2014年，海旅集团打算编写一本关于骑楼的书籍，原董事长助理及骑楼历史文化研究会负责人之一的王南秋分管该项工作。他希望我作为执行主编具体负责书稿的编撰工作，我欣然答应。在海旅集团的大力支持和相关热心人士的帮助下，我们花了两三个月的时间完成了《百年骑楼故事》的撰写工作，并由海南出版社出版。

这次海旅集团以课题的方式委托我们团队撰写一本关于水巷口的著作，也是缘于王南秋老先生的推荐。

在此，我首先要特别感谢王南秋老先生。他是一位知识渊博、热爱海南的外地人，作为领导，他十分平易近人，对刚步入社会的大学生总是带着包容与引导去帮助和扶持。我至今仍记得到海旅集团应聘工作时，遇到的面试官就是王南秋老先生，在老先生的举荐下，我很荣幸入职，他也教会了我很多为人处世的道理和职场技能。王南秋老先生为骑楼建筑的文化保护做了大量工作。

第二，我想特别感谢我的大学导师——中国农业大学孙庆忠教授。孙教授是我在中国农业大学本科毕业论文的指导老师。自从有幸与孙老师相识结缘，我一直把孙老师视为恩师。学生时代，我是一个个性张扬、不知天高地厚、几近放荡不羁的学生，是恩师的包容和教诲，让我有一种重获新生的感觉，他是我见过的最好的老师，也是对我影响最大的老师。虽然现在我也是一名教育工作者，但是恩师对教育和学生的热爱和关心，令我望尘莫及。他在中国农业大学是神一般存在的教授，能记住每一位教过的学生。至今，我印象最深刻的事情就是恩师给我的毕业赠言：为学要守得住清贫与寂寞，为人要走正道。我们师生情义最大的遗憾就是我没能成为恩师的研究生。这次接到课题任务之后，我第一时间向恩师请教，他提出了许多指导性建议。恩师这几年一直在研究村落历史，他是一位特别有情怀、有境界，活得超然的人。

第三，感谢我们的课题团队，每位成员都尽心尽职，包括参与的学生，他们经常在周末帮助查阅、整理资料，拍摄照片。

第四，感谢所有对这个课题有帮助的人，特别是水巷口的居民，在我们访谈和调研阶段，给予了很多帮助。

最后，我想最应该感谢的是海口骑楼老街投资开发有限公司（前身为海口骑楼实业发展有限公司，于2016年更名成立），这是一家极有社会责任心和责任感、也很有情怀的国有企业，长年致力于骑楼历史文化保护和研究工作。这是一件功在当代、利在千秋的事情，它需要定力、耐力和恒心，更需要有情怀、有历史眼光。

此次承蒙骑楼公司信任，我们的团队不仅要深入挖掘水巷口的历史文化，更要将居民的传统文化、民俗民风等整理出来，以水巷口为引子，忠诚地记录海口这座城市的历史、社会和思想变迁，使其成为海口城市性格、风俗和文化的代表符号。为此，我们一改以往的思路，不再单纯地深挖冰冷的骑楼建筑，而是将重点放在骑楼街区里的人。人是文化的创造者，他们的喜怒哀乐、悲欢离合，他们的生活方式、精神信仰让骑楼街区变得有温度、有人情、有活力、有味道和有精神。

水巷口是海口骑楼历史文化街区的重要组成部分，是这座城市重要的历史文化遗产，承载着海口特有的历史情感和时代记忆。一座城市之所以有灵魂，充满生机活力，是因为它有悠久的历史文化传统和特色文化传承。我们现在所做的，实际上就是守住海口的历史文化、守护海口的生命之源，意义非凡，使命光荣，也任重道远。

蔡家瑶
2024年1月于海南经贸职业技术学院

图书在版编目（CIP）数据

千年渡口　百年商埠：海口骑楼老街之水巷口记忆／蔡家瑶编著 . -- 上海：同济大学出版社, 2024.10
ISBN 978-7-5765-1031-7

Ⅰ . ①千… Ⅱ . ①蔡… Ⅲ . ①商业街—商业史—史料—海口 Ⅳ . ① F729

中国国家版本馆 CIP 数据核字（2024）第 058972 号

千年渡口 百年商埠

海口骑楼老街之水巷口记忆

蔡家瑶 编著

出 版 人：金英伟
责任编辑：李　争
助理编辑：沈沛杉
责任校对：徐逢乔
书籍设计：彭怡轩　彭琳彬
版　　次：2024 年 10 月第 1 版
印　　次：2024 年 10 月第 1 次印刷
印　　刷：上海安枫印务有限公司
开　　本：787mm × 1092mm 1/16
印　　张：16.5
字　　数：374 000
书　　号：ISBN 978-7-5765-1031-7
定　　价：148.00 元
出版发行：同济大学出版社
地　　址：上海市杨浦区四平路 1239 号
邮政编码：200092
网　　址：http://www.tongjipress.com.cn
经　　销：全国各地新华书店

本书若有印装质量问题，请向本社发行部调换。
版权所有 侵权必究

光 明 城

LUMINOCITY

"光明城"是同济大学出版社城市、建筑、设计专业出版品牌,致力以更新的出版理念、更敏锐的视角、更积极的态度,回应今天中国城市、建筑与设计领域的问题。